Peter Fritz

DER RATLOSE RIESE

Deutschland 20 Jahre nach der Wende

UEBERREUTER

Das säurefreie und alterungsbeständige Papier EOS liefert Salzer, St. Pölten (hergestellt aus chlorfrei gebleichtem Zellstoff aus nachhaltiger Forstwirtschaft).

ISBN 978-3-8000-7436-5

Covergestaltung: Kurt Hamtil, Verlagsbüro Wien
Coverfoto: Heiko Schulze

Gedruckt in Österreich
7 6 5 4 3 2 1

Ueberreuter im Internet: www.ueberreuter.at

INHALT

DIE MAUER

Mauertour

Eine Stadtführung mit dem Bus können Sie an jedem Ort der Welt unternehmen. Aber die Tour, auf die Sie der junge Historiker Baldur Hövels mitnehmen kann, finden Sie nur in Berlin.

Es gibt keine andere Stadt auf der Welt, die durch eine derartige Monstrosität geteilt wurde, wie es die Berliner Mauer in ihrem letzten Ausbaustadium war. Mitten durch die Stadt zog sich nicht nur die Mauer an sich. Die war zwar der höchste Teil der 155 Kilometer langen »befestigten Staatsgrenze« rund um Berlin, aber nicht einmal der gefährlichste. Es gab eine eigene Hinterlandmauer, es gab zwischen den beiden Mauern einen Streifen, auf dem die schwer bewaffneten Posten und ihre scharfen Hunde patrouillierten, es gab Metallzäune und einen Streifen aus feinem Sand, auf dem jede Spur sofort zu erkennen war. Das alles wurde dann auch noch bei Nacht intensiv mitbestrahlt.

Baldur Hövels war zwölf Jahre alt, als die Mauer fiel. Er saß zu Hause in Frankfurt am Main, war verdutzt und ein wenig verärgert darüber, dass in dieser Nacht vom 9. auf den 10. November 1989 im Fernsehen nichts anderes mehr zu sehen war als die Freudenszenen aus Berlin. Sein Großvater raunte ihm damals zu: »Heute ist ein historischer Tag.« Aber einen richtigen Reim konnte er sich noch nicht darauf machen.

Heute ist er es, der anderen helfen soll, sich einen Reim auf das zu machen, was sich rund um die Berliner Mauer abgespielt hat. Leicht ist das nicht mehr. Mit breitem Grinsen erzählt Baldur Hövels, dass er manchmal mit seiner Mauer-Bustour schon eine Stunde unterwegs ist, vieles lang und breit erklärt hat, bis dann aus dem Publikum die Frage kommt: »Also wie war das jetzt: Wollten die aus dem Westen in den Osten oder die aus dem Osten in den Westen?« Er nimmt's mit

Selbstironie und meint: »Da weiß ich dann, dass ich meine Arbeit noch nicht gut genug getan habe.«

Sie nennen ihre Firma »Zeitreisen«, junge Leute wie Baldur Hövels und sein Chef Arne Krasting. Ihre Arbeitskleidung sind Jeans und schwarze Hemden, ihr Ton ist locker, wenn sie sich auf den Weg machen, um Interessierten zu zeigen, was sich in Berlin abgespielt hat in den Jahren vor, während und nach der Teilung Deutschlands. Die Idee, auf die sie gekommen sind, ist eigentlich simpel, aber einer musste sie haben: In einem normalen Touristenbus sind Videoschirme eingebaut, und auf denen werden während der Mauer-Tour historische Szenen gezeigt, die sich jeweils dort abgespielt haben, wo der Bus gerade unterwegs ist. Walter Ulbricht ist wieder zu sehen, der Staatschef der kommunistischen DDR, wie er im Jahr 1961 hinausposaunt: »Niemand hat die Absicht, eine Mauer zu errichten.« Wenige Wochen später ließ er sie dann bauen.

Mitten im Regierungsviertel steht zwischen unscheinbaren Wohnhäusern noch ein im Originalzustand erhaltener Wachturm, auf der Chausseestraße ist dann eigentlich nichts mehr zu sehen von der früheren Grenze. Wo war sie denn nun? Ganz einfach: In Westberlin befanden sich die Lampen der Straßenbeleuchtung auf geraden Masten, die Ostberliner Straßenlampen waren gebogen, Peitschenlampen heißen sie im Fachjargon. Wer das weiß, der sieht die Grenze. Wer es nicht weiß, der geht achtlos über die einstige Trennlinie hinweg.

Mit dem Zusammenwachsen Deutschlands im 20. Jahr nach dem Fall der Berliner Mauer sieht es ganz ähnlich aus. Es sind oft nur noch subtile, kleine Zeichen wie die Form der alten Straßenlampen, in denen sich Ost und West in ihren Unterschieden offenbaren. Es gibt kein einfaches Schema mehr, keinen Raster, in den man seine Beobachtungen pressen kann.

Der reiche Westen, der arme Osten? Gehen Sie die Friedrichstraße in Berlin hinunter, über den ehemaligen Checkpoint Charlie hinweg, und Sie werden sofort sehen, wo Ostberlin endet und Westberlin beginnt: Dort, wo es schäbiger aussieht, ist Westberlin. Denn im Osten liegt das eigentliche Zentrum der Stadt, das jetzt wieder an seine frühere Größe anschließt, während weite Teile des Westens in der Form erstarrten, die sie vor 20 Jahren hatten. Die Westler, die alles dominieren und in der früheren DDR den Ton angeben? Die Bundeskanzlerin kommt aus dem Osten und dominiert gerade jetzt recht unangefochten.

Es ist eigentlich alles, was man über Deutschland denkt und weiß, irgendwie wahr. Aber eben nicht überall und die Überraschungen lauern allerorten. In meiner Berufslaufbahn als Journalist bin ich Deutschland und den Deutschen an historischen Schnittpunkten begegnet: Ich kam am Tag nach dem Fall der Mauer nach Berlin, ich war dort, als die Wiedervereinigung Wirklichkeit wurde, und ich bin jetzt wieder dort, in Zeiten der Krise, die dem Land und den Leuten schwer zu schaffen macht.

Ich habe Deutschland in Zeiten wachsender Zuversicht erlebt, habe sein Selbstbewusstsein anschwellen gesehen, bis hin zu dem Triumph, im selben Jahr wiedervereinigt und Fußballweltmeister geworden zu sein. Ich habe später erlebt, wie das Fortschreiten der Globalisierung die Selbstzweifel der Deutschen genährt hat. Wie sie, im eigenen Land heiß umstritten, wieder weltweit militärische Aktivitäten gesetzt haben. Wie schließlich die Zweifel um den Weiterbestand des Systems dazu geführt haben, dass Sozialdemokraten beinharte, an konservativen Mustern orientierte Reformen durchsetzen und Konservative später zu staatsgläubigen, Steuer erhöhenden Regenten mutieren konnten, das alles unter Einflüssen von außen, die das alte, in Selbstgefälligkeit ruhende Modell der »Deutschland AG« von einst zutiefst erschüttert haben.

Jetzt erlebe ich Deutschland, das einwohnerstärkste Land der Europäischen Union, als den ratlosen Riesen in der Mitte des Kontinents, geplagt von vielerlei Ängsten vor einer Zukunft, in der der Rest der Welt viel mehr zu sagen haben wird als die Europäer von heute. Glauben Sie aber nicht, dass diese Ratlosigkeit mit schicksalhafter Tragik oder Resignation gleichzusetzen wäre. Es ist eher so, dass sich Deutschland an die Ratlosigkeit als Dauerzustand in Zeiten der Globalisierung gewöhnt hat. »Ich weiß auch nicht, wie es weitergeht«, sagt der Finanzminister. »Wir fahren auf Sicht«, sagt ein führender Wirtschaftsforscher. Und die Kanzlerin kann, ohne nennenswerte Probleme zu bekommen, die Grundsätze ihrer Wirtschaftspolitik innerhalb eines halben Jahres total umkrempeln und auf den Kopf stellen. Warum auch nicht, ratlos sind ohnehin alle.

Im Umgang mit der neuen Ratlosigkeit sind jene besonders gut geübt, deren Leben schon große Kehrtwendungen gemacht hat. In Deutschland sind dies vor allem die Bewohner der früheren DDR. Für sie hat vor 20 Jahren eine Entwicklung begonnen, die für die meisten vieles verbessert und vieles erleichtert, zunächst einmal aber praktisch für alle alles verändert hat. Für die Schicksale derer, die im Zeichen der deutschen Teilung und des Kalten Krieges aufgewachsen sind, deren Leben später im Zeichen der Vereinigung einen ganz neuen Verlauf genommen hat, habe ich mich besonders interessiert. Die Beobachtung des legendären Reporters Egon Erwin Kisch, dass nichts exotischer ist als unsere Umwelt und es nichts Sensationelleres gibt in der Welt als die Zeit, in der man lebt, die habe ich in meinen Jahren in Deutschland stets auf Neue bestätigt gefunden.

Die Mauer fällt

Mit österreichischer Innenpolitik war nicht sehr viel Staat zu machen in diesen Tagen. Ich war innenpolitischer Redakteur beim Fernsehen, hatte Dienst im Newsroom, dem Nachrichtenstudio im ORF-Zentrum auf dem Küniglberg in Wien. Es gab dort einen Tisch für den Dienst habenden Inlandsredakteur und einen für den Kollegen von der Auslandsredaktion. Es war der 9. November 1989 und mein Journaldienst am Inlandstisch neigte sich seinem Ende zu. Die Palette meiner Themen war nicht besonders groß. Denn auch Österreichs Innenpolitik stand ganz im Schatten der Ereignisse, die schon Monate zuvor den Lauf der Welt bestimmt hatten. Der Ostblock war dem Auseinanderbrechen nahe. In Moskau hatte Staats- und Parteichef Michail Gorbatschow die eiserne Klammer gelockert, die den Machtbereich der Sowjetunion jahrzehntelang zusammenhielt.

Es brodelte an allen Ecken und Enden im Ostblock und in den letzten Wochen hatte sich die Lage vor allem in der DDR zugespitzt. Den ganzen Sommer über hatten uns die massenhaften Fluchtbewegungen in Atem gehalten, die Scharen von DDR-Bürgern, die nur noch weg wollten – auf dem Weg über Ungarn oder die Tschechoslowakei, bei Nacht und Nebel über die Grüne Grenze oder dadurch, dass man sich in eine westdeutsche Botschaft flüchtete und hoffte, Richtung Westen hinauszukommen.

In der DDR waren kleinere Proteste von Bürgerrechtsgruppen, meist aus Kirchenkreisen, zu riesigen Kundgebungen angeschwollen. In Leipzig waren die Montagsdemonstrationen von Woche zu Woche größer und machtvoller geworden – gewaltlos waren sie noch immer, aber niemand wusste, ob der Staat nicht doch auf Gegengewalt setzen würde.

Es gab vieles, was einem das Leben in der DDR verdrießen konnte. Ständige Gängelung durch die Obrigkeit von der Wiege bis zur Bahre, totalitäre Machtausübung mithilfe eines allgegenwärtigen Unterdrückungsapparates, Mangel an materiellen Gütern aller Art. Nichts von alledem hätte sich rasch und einfach beheben lassen. Aber an einem Punkt konnte man ansetzen, um der Rebellion wenigstens einen Grund zur Klage zu nehmen. Der Punkt hieß Reisefreiheit. Im Bemühen, angesichts des drohenden Untergangs noch handlungsfähig zu erscheinen, öffnete die Führung der DDR an diesem 9. November 1989 ganz vorsichtig ein erstes Ventil in Richtung Reisefreiheit. Zumindest war das die Absicht. Nur ein Stück weit wollte man jenen entgegenkommen, die einmal ins Ausland jenseits der Mauer wollten. Ein verklausulierter Text wurde aufgesetzt, und da die kommunistische Staatspartei SED seit Kurzem einen »Sekretär für Informationswesen« hatte, bekam der eine Kopie davon zugesteckt. Günter Schabowski hieß der Sekretär, ein altgedienter Mann des Parteiapparates. Er war übermüdet und erschöpft an diesem Tag, er hatte eine Pressekonferenz vor Dutzenden Journalisten der Weltpresse zu bestreiten und er tat es, indem er fast eine Stunde lang nicht sehr viel sagte. So lange, bis Ricardo Ehrmann, der Korrespondent der italienischen Nachrichtenagentur ANSA, um 18.53 Uhr zu einer eher beiläufigen Frage ansetzte. Nicht zufällig. Er hatte vorher einen Tipp aus dem Machtapparat bekommen, dass er auf eine derartige Frage womöglich eine interessante Antwort zu erwarten hätte:

Ich heiße Ricardo Ehrmann, ich vertrete die italienische Nachrichtenagentur ANSA. Herr Schabowski, Sie haben von Fehlern gesprochen. Glauben Sie nicht, dass es war eine große Fehler, diese Reisegesetzentwurf, das Sie haben vorgestellt vor wenigen Tagen?

Der »Sekretär für Informationswesen« zieht einen Zettel aus seiner Tasche, spricht ein paar allgemeine Einleitungsfloskeln und liest dann vor:

Privatreisen nach dem Ausland können ohne Vorliegen von Voraussetzungen (Reiseanlässe und Verwandtschaftsverhältnisse) beantragt werden. Die Genehmigungen werden kurzfristig erteilt. Die zuständigen Abteilungen Pass- und Meldewesen der Volkspolizeikreisämter in der DDR sind angewiesen, Visa zur ständigen Ausreise unverzüglich zu erteilen, ohne dass dabei noch die Voraussetzungen für eine ständige Ausreise vorliegen müssen. [...] Ständige Ausreisen können über alle Grenzübergangsstellen der DDR zur BRD bzw. zu West-Berlin erfolgen.

Eine Zwischenfrage ertönt:

»Ab wann gilt das?«

Und dann folgen die bekanntesten fünf Sekunden im Leben des Günter Schabowski. Er spricht ein großes Wort gestottert aus:

»Das tritt, nach meiner Kenntnis, ist das sofort, unverzüglich.«

Nachträglich vermeint man, angesichts dieser Worte hätten alle Anwesenden von ihren Sitzen aufspringen und sofort zum nächsten Telefon laufen müssen. (Man schrieb noch das Zeitalter vor dem Handy.) Aber in den ersten Minuten war den meisten Kollegen nicht ganz klar, wie sie das soeben Gesagte bewerten sollten. Viele nahmen Schabowskis Worte so auf, als wäre lediglich ein kleines Zugeständnis gemacht worden. Das war auch die Absicht der Machthaber. Ostdeutsche, die reisen wollten, hätten erst zu einem Pass kommen müssen. Die wenigsten besaßen einen. Die einzige Erleichterung schien darin zu bestehen, dass man ein Visum – auch für den Westen – schneller bekommen könnte als bisher. Aber dieser Moment ist vielleicht das beste Beispiel dafür, dass Kommunikation nicht beim Sender einer Nachricht, sondern beim Empfänger entsteht. Ricardo Ehrmann meldete seiner Agentur, die DDR »hätte einen Beschluss gefasst, der gleichbedeutend sei mit der Öffnung der Mauer«. Von da an gab es kein Halten mehr. Sätze wie »DDR öffnet Grenzen« und »Berliner Mauer fällt« waren eigentlich eine ziemlich vorschnelle Interpretation des Gesagten. Aber durch ihre rohe Kraft bekamen sie nachträglich einen Wahrheitsgehalt, den sie anfangs kaum hatten.

Auch im Newsroom des ORF schlägt die Nachricht aus Berlin nicht sofort wie eine Bombe ein. Es ist kurz nach 19 Uhr, die wichtigste Nachrichtensendung des ORF, die »Zeit im Bild« um 19.30 Uhr, ist so gut wie fertig, als erster Bericht ist der Besuch des deutschen Bundeskanzlers Helmut Kohl in Polen vorgesehen.

Erst nach und nach beginnt sich Hektik breitzumachen im Newsroom. Paul Schulmeister, der Leiter der Auslandsredaktion, ist umtriebig wie immer, zugleich aber auch erkennbar berührt von der Wucht dessen, was da auf uns einstürmt. Nun, in der damals wie heute meist streng nach Ressorts getrennten Nachrichtenwelt gibt es für einen Innenpolitik-Redakteur nicht viel zu tun. Die Auslandsredaktion hat freie Hand für den Rest des Abends, ich beende meinen Dienst pünktlich um 20 Uhr und stürze mich ins Privatleben als (damaliger) Single. Die private Verwendung des Abends zieht sich hin bis kurz vor zwei Uhr früh, als ich aus einem Lokal im achten Wiener Gemeindebezirk komme. Im Autoradio höre ich dann erstmals von den Szenen dieser Nacht. Unser Berlin-Korrespondent Kurt Rammerstorfer hat zum nächstbesten Telefon gegriffen und zu schildern begonnen: von Menschen, die einander glückselig in den Armen liegen, von einem türkischen Obsthändler in Kreuzberg, der sämtliche Früchte an freudestrahlende DDR-Bürger verschenkt, von DDR-Grenzern, die auf einmal alle passieren lassen durch die weit geöffneten Tore in der Berliner Mauer.

Gegen fünf Uhr reißt mich das Telefon aus einem kurzen Schlaf: »Peter!« Es ist Hans Besenböck, mein Chef, der Leiter des Inlandsressorts: »Wir müassn a Sondersendung mochn, es san sensationelle Bilder kummen die ganze Nacht, kumm so schnell wie's geht aufn Küniglberg!«

Ich tu wie mir geheißen und finde mich bald im innenpolitischen Getriebe wieder. Im österreichischen Parlament hat noch in der Nacht der Präsident eine Erklärung zur Lage in Berlin abgegeben, unter spontanem Beifall aller Fraktionen. Ich baue daraus einen Kurzbeitrag und hoffe eigentlich, damit möge mein Tagewerk weitgehend erledigt sein; mein Schlafdefizit ist groß. Dann marschiere ich durch den Newsroom, genau in dem Moment, als Vizechefredakteur Josef Broukal mit Barbara Coudenhove-Kalergi telefoniert, unserer Korrespondentin in Ostberlin. Sie bittet dringend um Verstärkung. Josef Broukal fasst mich ins Auge, meint nur kurz: »Na, wie wär's?«, und schon bin ich offiziell in Marsch gesetzt. Das Ganze ist eigentlich ein Schlag ins hierarchische Gefüge – ein »Innenpolitiker«, der plötzlich an allen Instanzen vorbei ins Ausland geschickt wird. Möglich ist dies nur, weil Paul Schulmeister, der Auslandschef, nach durchwachter Nacht jetzt im Bett liegt. Aber das ist mir verständlicherweise einerlei. Die Chance, nach Berlin zu kommen, bietet sich nur einmal.

Ich eile nach Hause, packe meinen Koffer mit Schmutzwäsche voll, denn saubere habe ich kaum in meiner Single-Bude. Ein Anruf bei der DDR-Botschaft: Ob man auf die Schnelle ein Visum bekommen könne? Der Konsularbeamte lässt nur ehrliche Ratlosigkeit erkennen und meint, das gehe vielleicht auch so, über Westberlin, ganz ohne Visum.

Na gut. Auf zum Flughafen, in die Maschine nach Berlin

via Frankfurt. Man darf von Österreich aus nicht direkt nach Westberlin fliegen, auch von Westdeutschland aus nur in eingeschränktem Maß. Westberlin ist in der Hand der Alliierten, die über ihre einträglichen Flugrechte wachen. Air France, British Airways und Pan Am. Die drei haben das Monopol auf der Strecke nach Berlin, auf dem Luftkorridor in die Westberliner Insel mitten im Ostblock.

Nach der Ankunft im Taxi zum Checkpoint Charlie, dem Grenzübergang für Ausländer auf der Friedrichstraße: Im Autoradio ist live die Freudenkundgebung vor dem Schöneberger Rathaus zu hören. Bundeskanzler Kohl spricht – und wird laut ausgepfiffen. Von Leuten aus der Westberliner Szene, die im »System« den Feind sehen, im System des kapitalistischen Westens, nicht etwa in dem jenseits der Mauer, das gerade in seinen letzten Zügen liegt.

Am Checkpoint Charlie bin ich einer der wenigen, die in den Osten wollen. Nicht einmal 24 Stunden sind vergangen, seit der Druck der Massen die Öffnung der Mauer erzwungen hat. »Ausweise hochhalten!«, ruft ein DDR-Grenzer angesichts der Menge, die immer noch Richtung Westen drängt. Es ist der letzte Anschein von gerade noch geordneten Verhältnissen. Keiner schaut die Ausweise mehr an, keiner stempelt ein Visum hinein. Aber wenigstens soll man, bitte schön, noch zeigen, dass man ein solches Papier bei sich hat.

Einen guten Kilometer schleppe ich meinen Koffer dann die Friedrichstraße hinauf. Ostberlin umfängt einen sofort mit seinem unverwechselbaren Geruch. Die legendäre blaue Trabi-Fahne ruft den Geruch hervor, die Abgase aus den Zweitakt-Autos Marke Trabant, die mit einem Gemisch aus Benzin und Öl betrieben werden. Bläulich schimmert die Luft, stickig ist die Mischung, die in die Bronchien zieht, und abends sind Hände und Gesicht mit einem zarten Ölfilm bedeckt.

Ich treffe im Hotel »Metropol« ein, einem Haus mit westlichem Standard. Ostberlin hat eigene Hotels für West-Ausländer. Bezahlen kann man dort nur mit westlicher Währung. Die Ausstattung entspricht gehobenem Niveau, aber die Ausstattung, die der Gast nicht sieht, kann sich auch sehen lassen. Das Haus ist verwanzt von oben bis unten, ganze Trakte des Hotels sind mit den Abhörmannschaften des Staatssicherheitsdienstes, der Stasi, gefüllt. »Schön, dass Sie da sind, Herr Fritz«, begrüßt mich Barbara Coudenhove-Kalergi. Es ist das erste Mal, dass ich ihr persönlich begegne. Dabei zählt sie schon seit Jahren zu meinen journalistischen Vorbildern, mit ihrer Art, in ihren Berichten so oft wie möglich bei den Betroffenen der großen Weltläufte anzusetzen und nicht immer nur bei deren Hauptakteuren.

Wir ziehen gemeinsam los, denn am frühen Abend beginnt eine Veranstaltung, die quasi über Nacht schon einen Stich ins Lächerliche bekommen hat. Eine Großkundgebung der Sozialistischen Einheitspartei Deutschlands, der SED, im Lustgarten, nur wenige Schritte vom Hotel entfernt. Eigentlich war die Kundgebung dazu gedacht, die Getreuen der Partei einzuschwören auf die immer noch trotzig behauptete Führungsrolle der kommunistischen SED. Zugleich muss Egon Krenz, der neue Parteichef, aber auch schon den eigenen Genossen zeigen, dass er wenigstens ein Stück weit mit der Zeit gehen will. Denn die letzten 24 Stunden sind an niemandem spurlos vorübergegangen, auch nicht an den Treuesten der hier versammelten Parteisoldaten. Egon Krenz versichert im Namen des Zentralkomitees, »dass wir es mit der Politik der Erneuerung ernst meinen und dass wir allen die Hand geben, die mit uns gemeinsam gehen wollen«. Aber die Stimmung brodelt auch hier. Auf offener Bühne streiten Redner darüber, ob jetzt ein außerordentlicher Parteitag nötig sei oder nicht.

Das ist in der bisher streng auf Gehorsam getrimmten SED noch ohne Beispiel.

Nach unserer Rückkehr ins Hotel – es ist schon relativ spät am Abend – legt sich der Großteil unseres Teams schlafen. Alle sind noch erschöpft von der letzten, der legendären Nacht. Einer unserer Techniker hat hingegen noch nächtliche Pläne privater Natur und macht sich zu diesem Zweck mit dem Teamfahrzeug, einem gegen Westmark geliehenen VW-Golf, auf den Weg, den sein Herz ihm zu gehen befiehlt. Das bereitet uns schon wenig später große Probleme, denn ein Gerücht verbreitet sich wie ein Lauffeuer: »In der Eberswalder Straße fangen sie schon an, die Mauer abzureißen.« Na ja, ein Kamerateam haben wir noch parat. Aber kein Fahrzeug und Taxis sind um diese Zeit nicht mehr zu finden in der allgegenwärtigen Mangelwirtschaft. Wir stellen uns zu dritt auf die Friedrichstraße direkt vor das Hotel und versuchen, ein sogenanntes »Privattaxi« zu ergattern, ein Auto also, dessen Fahrer uns gegen Schwarzgeld mitnehmen könnte. Aber drei Mann, mit Kamera und Aufnahmegeräten bepackt – das dürfte potenziellen Privattaxlern zu viel auf einmal sein. Nach zwanzig Minuten brechen wir den Versuch erfolglos ab.

Aus purer Neugier mache ich mich dann allein auf den Weg, nur mit dem Tonbandgerät ausgerüstet, das ich für allfällige Radioreportagen mitgenommen habe. Ich erwische nach längerem Fußmarsch eine Straßenbahn, die mich in Richtung Prenzlauer Berg mitnimmt, bis zur Endstation an der Mauer. Tatsächlich: Es herrscht absolute Volksfeststimmung und ich stehe nach ein paar Minuten des Drängelns vor dem ersten richtigen Loch, das die Berliner Mauer mit offiziellem Sanctus der DDR-Behörden bekommen hat.

Ein Bautrupp ist angerückt, bis acht Uhr früh soll hier ein neuer Grenzübergang entstehen. »Ich wusste zuerst nicht, was die von mir wollen«, sagt der Partieführer, der seine Leute, ausgestattet mit Kompressor und Presslufthammer, mitten in der Nacht hierhergebracht hat. »Aber als ich hörte, um welchen Auftrag es geht, da bin ich sofort losgezogen.« Unter Gejohle und Applaus schrämmen sie das Loch in der Mauer weiter auf. Rundherum Leute, die noch tags zuvor erschossen worden wären, hätten sie sich an die Stelle gewagt, an der wir jetzt stehen. Gegen zwei Uhr früh schaut ein japanisches Kamerateam vorbei. Na gut, denke ich mir, wenigstens hat jetzt irgendjemand die Aufnahmen bekommen, die ich für mein Leben gerne im Kasten gehabt hätte.

Immerhin gelingt es mir später im Hotel, einige Eindrücke dieser Nacht über die Telefonleitung zum Morgenjournal nach Wien zu überspielen – so ist außer dem privaten Erleben der historischen Stunde doch auch ein bisschen Dienstliches dabei herausgesprungen, trotz der nächtlichen Absenz unseres technischen Betreuers, den ich X nennen möchte. Denn als Barbara Coudenhove-Kalergi am Morgen danach zu ihrer nächsten Reportage aufbrechen will, lauten ihre ersten Worte: »Wo ist der X? Wir hatten mönchische Klausur vereinbart!«

Am nächsten Tag sehe ich zum ersten Mal das Brandenburger Tor. Zumindest aus der Ferne. Denn hier, in Ostberlin, ist die Nervosität extrem hoch, der Weg zum Tor bleibt abgeriegelt durch Postenketten und Panzerfahrzeuge. Und hier ist auch die Gefahr, dass es zu einem Zwischenfall kommen könnte, noch nicht restlos gebannt. Aus einem Lautsprecherwagen tönt es laufend: »Achtung, Achtung. Hier sprechen die Grenztruppen der DDR. Verletzen Sie nicht die Staatsgrenze der DDR!« In der Nacht haben Tausende Menschen die Mauer am Brandenburger Tor von der Westseite her erklettert. Die Mauerkrone ist dort sehr breit, weil die Mauer an dieser Stelle als mehrere Meter dicke Panzersperre ausgelegt ist. Aber die anhaltenden Freudentänze auf der Mauer machen Beamte in Ost und West nervös, denn offiziell ist hier das Grenzregime noch voll in Kraft, mitsamt den DDR-Auflagen, gegen Grenzverletzer rücksichtslos vorzugehen. Nun sind die Grenzverletzer an dieser Stelle nicht DDR-Bewohner, die »rüber« wollen – sie passieren die regulären Übergänge –, sondern übermütige Westberliner, die den Sprung von der Mauerkrone in den Osten wagen. Aber zum Glück legt es jetzt keiner der Offiziellen mehr auf eine ernst gemeinte Konfrontation an.

Einen Tag später – es ist Sonntag, der 12. November – wird die Mauer am Potsdamer Platz geöffnet. Von einem Platz ist weit und breit nichts zu sehen. Der Potsdamer Platz war in den Zwanzigerjahren der verkehrsreichste Platz von Berlin. Die erste Verkehrsampel des Deutschen Reichs wurde hier aufgestellt, ein Stadtviertel mit pulsierendem Großstadtleben hatte hier sein Zentrum. Jetzt reicht der Blick über den Potsdamer Platz in Ost und West nur bis zur frisch durchbrochenen Mauer – in die jeweils andere Richtung führt er ins Leere. Hier wurde nach der Kriegszerstörung nichts mehr gebaut, auf Ost- und Westseite breitet sich ein riesiges Stück Brachland aus, das höchstens die hier zahlreich vorkommenden Feldhasen als Vergnügungsviertel nutzen können.

Aber das sind noch nicht die skurrilsten Erlebnisse, die sich mir dieser Tage in Berlin bieten. Einen der stärksten Eindrücke von der Absurdität der Teilung Berlins habe ich wenig später bekommen, als die Ostberliner wieder in ihre alte U-Bahn durften. Da musste man keine Mauer einreißen, keine nächtlichen Aktionen mit dem Presslufthammer vollführen. Nein, da reichte es völlig, an den Ostberliner Stationen die Gittertore aufzusperren, die hier die Bahnsteige in Richtung Westen jahrzehntelang versperrt hatten. An der Station Jannowitzbrücke durfte ich dabei sein, als hier der einstige unterirdische

»Geisterbahnsteig« wieder in Betrieb ging. Während der Mauerzeit musste die U-Bahn hier durchfahren, ohne anzuhalten. Denn die Linie hatte ihren Beginn und ihr Ende in Westberlin, durchquerte aber auf ihrem Weg Ostberliner Territorium, wo sie nirgends halten durfte, wo die von West nach West fahrenden Passagiere auf die vorbeifliegenden Geisterbahnsteige blickten. Und jetzt, auf einmal, entsteigen Menschen an der Jannowitzbrücke der U-Bahn, als sei es eine Selbstverständlichkeit (die es vor dem Mauerbau auch war).

Viele haben Orientierungsschwierigkeiten in diesen Tagen. Denn auf den offiziellen Stadtplänen von »Berlin, Hauptstadt der DDR« existiert das Westberliner Territorium nur als lindgrün schattierte Fläche. Nur als Silhouetten sind die wichtigsten Straßen eingezeichnet, ohne Namen. Bei der alten Prachtstraße vom Brandenburger Tor westwärts ist die Namensunterdrückung noch zu verstehen, denn sie heißt »Straße des 17. Juni«, als Erinnerung an den Aufstand des Jahres 1953 in der DDR, den sowjetische Panzer niedergewalzt hatten. Doch auf dem alten DDR-Stadtplan, den ich mir aus jener Zeit bis heute aufbewahrt habe, ist nicht einmal der legendäre Kurfürstendamm namentlich verzeichnet, man sieht nur zwei lange, dünne, parallel verlaufende Linien, die sich Richtung Grunewald schieben.

Am Montag, dem 14. November, strebt der Besucherrummel in Westberlin einem neuen Höhepunkt zu, denn jetzt haben alle Geschäfte geöffnet und das Werben um die Besucher aus dem Osten beginnt. Jeder, der erstmals in den Westen kommt, hat Anspruch auf das westdeutsche »Begrüßungsgeld«, 100 DM. Lange Schlangen vor den Bankfilialen, wo man sich das begehrteste Gut des Westens, die harte, wertvolle Mark, abholen kann. Wie oft habe ich verzweifelte DDR-Bewohner über die Wertlosigkeit ihrer »Alu-Chips« klagen hören, die mit falschem

Stolz als »Mark der DDR« firmieren. Bald wird man im ganzen Land den Ruf »Wenn die D-Mark nicht kommt, dann kommen wir zu ihr!« hören, aber noch ist das kein Thema. Die Westberliner Geschäfte nehmen jetzt auch die »Alu-Chips« an, man braucht allerdings zehn davon, um an eine D-Mark zu kommen. Gekauft wird alles, was man lange entbehren musste, von der Banane bis zum Kosmetikset. Ziemlich groß ist auch der Andrang vor Beate Uhses Berliner Sex-Shop-Filialen. Es gab damals eben neue Welten aller Art kennenzulernen für jene, die oft nur einen Steinwurf entfernt jenseits der Mauer leben mussten.

Ich höre auch von negativen Erlebnissen. Eine junge Angestellte im Hotel berichtet mir, sie sei bei ihrem ersten Aufenthalt im Westen fast in eine Schlägerei geraten, in irgendeiner wüsten Kneipe in Kreuzberg. Erzählt sie mir das jetzt nur, weil sie treu zum Regime und wahrscheinlich auch zur Stasi ist?, frage ich mich. Es wäre nicht unwahrscheinlich, denn Arbeit im Devisenhotel »Metropol« bekamen nur als besonders zuverlässig geltende Leute und viele von ihnen spionierten außerdem Gäste für die Stasi aus. Doch ebenso kann es ein ehrlich erlebter Schock gewesen sein, denn Westberlin lag ja damals auch nicht gerade in der engsten Wahl, wenn es um die Suche nach dem Paradies auf Erden ging.

Wie es nun politisch weitergehen sollte, darüber kursierten in diesen Tagen die buntesten Vorstellungen. Die Vereinigung Deutschlands, die heute, im Nachhinein, wie das Ergebnis einer fast zwangsläufig ablaufenden Entwicklung erscheint, war damals als Thema noch kaum präsent, weder im Osten noch im Westen. Es gab Reformbewegungen in der DDR, aber die hatten sich in erster Linie für eine neue DDR eingesetzt. Zu der damals bekanntesten Gruppierung, dem »Neuen Forum«, verschlug es mich recht bald in diesen Tagen. Bärbel Bohley, prominentestes Mitglied der Gruppe, war schon weg, als wir mit unserem Team den Gemeinderaum der Gethsemanekirche erreichten. Ich machte ein kurzes Interview mit einem anderen Gründungsmitglied, Michael Göbel, dem ich die Frage stellte, was denn nun das Wichtigste sei, das es zu tun gebe. Seine Antwort: »Wir müssen versuchen, die vielen Tausende, die in die Bundesrepublik gegangen sind, nach Möglichkeit wieder zurückzuholen.« Auch für die Oppositionellen war der nachhaltigste Eindruck die Massenflucht in den Westen, die das Regime in den Grundfesten erschüttert hatte.

Es war bei aller Freude auch sehr viel Nachdenklichkeit zu spüren in diesen Novembertagen. Denn noch existierte ja das System und seine komplette Auflösung zeichnete sich vorerst nicht ab. Und so existierten damals auch gewisse Parallelwelten in einem und demselben Bereich, wie etwa bei den Medien. Die waren natürlich stets staatlich gelenkt und zensuriert gewesen. Doch dort hatte ein beispielloser Aufbruch begonnen, durchgesetzt schon einige Wochen vor dem Fall der Mauer. Der Jugend-Radiosender »DT 64« hatte es gewagt, bereits Mitte Oktober vom oppositionellen Friedensgebet in der Leipziger Nikolaikirche zu berichten, später rutschen dann Berichte von den Leipziger Montagsdemonstrationen in die Programme. Am 31. Oktober wurde über alle Radiosender der DDR ein Bekenntnis verlesen, worin die Radiojournalisten des Landes zugaben, »einseitige, geschönte Berichterstattung« betrieben zu haben und »der hohen Verantwortung nicht gerecht geworden« zu sein. Beispiele dafür hatte es gerade in diesem Jahr zuhauf gegeben. Auf Befehl der Führung musste damals über die blutige Niederschlagung der Demokratiebewegung in Peking berichtet werden, die Führung hätte einen »konterrevolutionären Aufruhr beendet, der sich gegen die Interessen des Volkes gerichtet« hätte. Demonstranten, die es gewagt hatten, zum 40. Geburtstag der DDR Michail Gorbatschow zu bejubeln und die DDR-Führung mit Verachtung zu strafen, wurden im Radio und Fernsehen als »Randalierer« abqualifiziert.

Nur wenige Wochen danach schien also vieles auf ganz neue Weise möglich, aber da die wichtigen Medien nach wie vor in Staats- und da lagen, gab es Platz für allerlei Skurrilitäten. Stolz wurden weiterhin die Heldentaten der Arbeiter und Bauern gepriesen: »Kartoffeln sind geborgen – jetzt läuft die Rübenernte« war wenige Tage nach der »Wende« im SED-Parteiorgan »Neues Deutschland« zu lesen, mit dem Untertitel »Qualitätsarbeit auf Feldern und in Zuckerfabriken«.

Weiter oben auf der Titelseite hatten auch die neuen Verhältnisse vorsichtig-verschämt ihren Platz bekommen, mit der Formel »Für mehr Demokratie im Leben unserer Partei«.

Das Hin- und Herschwenken zwischen einem Rest an Linientreue und der neuen Lust an der Unabhängigkeit – es war ein Balanceakt, mit dem viele ihre Schwierigkeiten hatten. Ich habe damals die Redaktion der Zeitung »Junge Welt« besucht, der Tageszeitung der FDJ, der Freien Deutschen Jugend. Die Zeitung hatte immer als ein wenig freier und kritischer als die anderen gegolten, aber selbst dort regierte jetzt noch eine gewisse Vorsicht. »Schonungslos aufdecken«, verkündete ein Titel, es ging um Missstände im DDR-System. Aber der flammende Appell war ein Leserbrief. Die Redaktion legte lieber einem Leser in den Mund, was sie selbst verkünden wollte. Es war der einfachere Weg.

Einen der Macher der »Jungen Welt«, Wolfgang Kohrt, habe ich damals befragt. Auch er drückte sich unmissverständlich, aber vorsichtig aus: »Die zurückhaltende Berichterstattung, um es einmal so zu sagen, hat wirklich jeden einzelnen Bereich des Landes betroffen. Ob das die Wirtschaft ist, die Politik, die Armee, Schule, Studenten, alles.« Das werde man jetzt zu ändern versuchen, meinte er: »Wir wollen versuchen, einfach offenen Journalismus zu machen.« Gerne hätte ich Wolfgang Kohrt heute gefragt, was aus den Träumen von damals geworden ist. Aber er ist leider letztes Jahr an einem Gehirntumor gestorben.

Schon wenige Tage nach dem Mauerfall tauchten nach dem ersten Überschwang die Fragezeichen auf, buchstäblich an allen Ecken und Enden. Keiner wusste, wie sich geöffnete Grenzen mit einem geschlossenen Wirtschaftssystem vertragen würden, das in der DDR herrschte. Dass die DDR wirtschaftlich keine großen Sprünge mehr machen konnte, war allgemein bekannt. Aber dass ihr System total bankrott war, haben selbst in der DDR-Führung nur wenige in aller Deutlichkeit gewusst. Es gibt ein Geheimgutachten vom Oktober 1989, angefertigt vom damaligen DDR-Planungschef Gerhard Schürer, das nur an den engsten Zirkel im Politbüro verteilt und gleich nach der Sitzung wieder eingesammelt wurde. Darin hieß es, dass die Hälfte der Maschinen und der Infrastruktur der DDR verrottet sei, weil seit 1970 nicht mehr im notwendigen Ausmaß investiert wurde. Die Arbeitsproduktivität liege 40 Prozent unter dem Westniveau (das war noch optimistisch geschätzt, es waren eher 70 Prozent). Einzige Hoffnung: Ein Westkredit müsse her, 25 Milliarden D-Mark von der Bundesrepublik, sonst sei der Staatsbankrott unvermeidlich.

Um jedoch dem Westen gegenüber kreditwürdig zu erscheinen, hatte die DDR-Führung schon in den Jahren davor ihre offiziellen Zahlen stark manipuliert. Das nährte auch im Westen die Hoffnung, man könne bei einer Vereinigung durchaus an wirtschaftlicher Substanz hinzugewinnen.

Aber die Vereinigung erschien unmittelbar nach der Maueröffnung, noch keineswegs als realistische Perspektive. Auch wir Journalisten stellten unsere Fragen vor allem in die Richtung, was denn die DDR jetzt anders zu tun gedenke, welche Reformen im Land denkbar und möglich wären. Es zeichnete sich ab, dass es nicht gereicht hatte, nur die Mauer zu öffnen, quasi als Ventil, um aufgestauten Dampf abzulassen. Es ging um die Systemfrage.

Noch stand die Existenz des Staates DDR nicht an sich in Zweifel, sehr wohl aber die Existenz seines planwirtschaftlichen Systems. Die Lenkung von oben hatte versagt, das wusste praktisch jeder im Land. Aber die Frage, wie man einem Land eine neue wirtschaftliche Struktur geben konnte, die stellten wir zunächst jenen, die in den alten Strukturen aufgewachsen waren. Entsprechend vorsichtig fielen die Antworten aus. So habe ich knapp eine Woche nach dem Mauerfall mit Hans-Joachim Dubrowsky gesprochen, Professor an der Ost-Berliner Hochschule für Ökonomie. Er wusste, dass es so nicht weitergehen konnte, kannte die Fehler des Systems von innen. Aber er meinte auch, die Verhältnisse ließen sich nicht von heute auf morgen umdrehen: »Wenn wir in der DDR eine freie Marktwirtschaft so holterdipolter machen würden, das würde ungeheure soziale Spannungen bedeuten. Bei unausgeglichenen Märkten, wie wir sie leider in vielen Gebieten haben, bedeutet Einführung der Marktwirtschaft immer Inflation, Anstieg der Preise, soziale Ungerechtigkeiten, und das wollen wir auf keinen Fall.« Aber sein nächster Satz erweist sich im Rückblick als reine Illusion: »Wir werden zu einem System kommen, in dem wir Elemente der Planwirtschaft und der Marktwirtschaft möglichst intelligent kombinieren werden.« Er nannte als Beispiel die Wohnungsmieten, die in der DDR so niedrig waren, dass nur rund drei Prozent des Einkommens dafür ausgegeben wurden – um den Preis, dass die Häuser stetig verfielen, weil die Mittel für ihre Erhaltung fehlten. Die Kombination aus Plan- und Marktwirtschaft, die der Professor vorschlug, war, dass man kleinere Wohnungen weiter billig hergeben und die Miete dann nach Größe weiter und überproportional staffeln könnte. Für alte DDR-Verhältnisse wäre das ein ausgesprochen ketzerischer Gedanke gewesen, doch bereits ein Jahr später dachte niemand mehr an derlei Mischsysteme. Da zogen dann tatsächlich über Nacht die ganz neuen, die urwestlichen Verhältnisse ein.

Der Maueröffner

Er geht langsam, sein Rücken ist verkrümmt, mehrere Operationen hat er schon hinter sich. Aber wenn er sich einmal hingesetzt hat, ist der heute 80-jährige Günter Schabowski immer noch voll in Fahrt. Er spricht laut und deutlich, in stark berlinerisch gefärbtem Hochdeutsch. Und er spricht sehr ausführlich. Als er mit seinen Ausführungen fertig ist, zeigt der Zähler auf meinem Aufnahmegerät zwei Stunden und 15 Minuten an. Die sind allerdings wie im Flug vergangen, denn Schabowski baut seine Erzählungen sehr sorgsam auf, immer bedacht darauf, alles genau anzuführen, was davor und danach vor sich gegangen ist, vor und nach den berühmten fünf Sekunden, in denen er, ohne es eigentlich zu wollen, den Startschuss gab zum friedlichen Sturm auf die Berliner Mauer.

Die genaue Schilderung ist ihm deshalb so wichtig, weil Freunde und Feinde gleichermaßen dazu neigen, ihn nur nach diesen wenigen Sekunden vor zwanzig Jahren zu bewerten. Er gilt heute als der Mann, der die Mauer öffnete, er gilt aber bei seinen ehemaligen Genossen aus Zentralkomitee und Politbüro entweder als Verräter oder als Trottel, als der Mann, der aus Unachtsamkeit einen ganzen Staat und ein ganzes System in den Untergang getrieben hat.

Wenn die Rede auf diesen Vorwurf kommt, dann beginnen seine graubraunen Augen zu leuchten und er führt die rechte Hand immer wieder rasch gestikulierend vors Gesicht. »Es war nicht ein teilweise ganz gutes und teilweise weniger gutes System, sondern es war ein System, das von Anfang an auf Scheitern angelegt war. Das konnte nicht gut gehen!«, ruft er laut und mit fester Stimme. Für die, die aus seiner Partei, der kommunistischen SED, flugs die PDS machten und jetzt in der Linkspartei weiter ihren Einfluss ausüben, empfindet er nur Verachtung: »Die, die sich jetzt als die Rächer der Enterbten aufspielen, die haben ja die Leute erst enterbt!« Sein Zorn entspringt auch einer tiefen Kränkung. Denn unter den alten Kadern aus dem Politbüro ist er der Einzige, der an seinem früheren Leben im Dienste von Staat und Partei kein einziges gutes Haar mehr finden kann, der sich radikal losgesagt hat von allem, was noch nach DDR riecht. Marxist, so sagt er, ist er immer noch. »Man sollte aber den ganzen Marx lesen und nicht die selektive Lektüre pflegen, auf der die DDR damals ihr System aufgebaut hat«, fügt er versonnen hinzu.

Einmal noch lässt er die Tage vor dem 9. November 1989 Revue passieren. Bis dahin war sein Leben in voller Linientreue verlaufen. Er hatte die Parteihochschule in Moskau besucht, sich dabei gute Russischkenntnisse und gute Kontakte zur sowjetischen Führung erworben. Er war stellvertretender Chefredakteur beim »Neuen Deutschland«, der SED-Parteizeitung. Dass er dann ausersehen wurde, deren Chefredakteur zu werden, erfuhr er vom sowjetischen Botschaftsattaché in Berlin. Denn derlei Entscheidungen waren immer an das Einverständnis aus Moskau gebunden. Die eigenen Genossen aus der DDR-Führung teilten ihm die Kunde von seinem beruflichen Aufstieg erst eine Woche später mit. »So hat das damals funktioniert«, resümiert Günter Schabowski. Auf dem Weg über Moskau erfuhren Schabowski und seine Genossen später aber auch als Erste, dass der Posten, auf dem sie sich sicher wähnten, ein verlorener zu werden begann.

Das wurde ihnen in aller Deutlichkeit offenbar, als die Bilder um die Welt gingen, auf denen Gyula Horn und Alois Mock, die Außenminister Ungarns und Österreichs, mit riesigen Bolzenschneidern in der Hand damit begannen, die Drahtverhaue an der Grenze zu Österreich abzumontieren. Die DDR-Oberen wussten, dass sich hier ein neuer Fluchtweg auftat für jene

DDR-Bürger, die so schnell wie möglich weg wollten. »Die DDR ist in Moskau vorstellig geworden mit dem Wunsch, man möge die Ungarn zur Räson rufen«, erinnert sich Schabowski. »Der Außenminister ist rübergeschickt worden, er sprach mit dem sowjetischen Außenminister Schewardnadse und wollte, dass die Ungarn zur Rücknahme ihrer Geste gezwungen werden. Darauf bekam er zu hören, das sei eine innere Angelegenheit der Ungarn, die Sowjetunion könne da nichts unternehmen.« Dann wurde der DDR-Führung auch noch erzählt, die Ungarn hätten die Szene mit ihren Fernsehaufnahmen überdramatisiert, denn die Sperre an der dortigen Grenze sei keine Mauer, sondern ein Zaun, und der müsse eben alle zwei, drei Jahre erneuert werden, weil er roste. Diesen Hinhalteversuch nahmen selbst die fügsamen DDR-Oberen ihren Meistern in Moskau nicht mehr ab. »Wir haben daraus einen Schluss gezogen: Die Sowjets sind nicht mehr bereit, die absolute Bestandsgarantie für die DDR zu übernehmen.« Schabowski referiert den Befund von damals wie eine medizinische Diagnose.

Der Versuch, mit dem Sturz Erich Honeckers Handlungsspielraum zurückzugewinnen, war ein Versuch mit untauglichen Mitteln. Darüber macht sich Schabowski nachträglich keine Illusionen mehr, obwohl er damals an die Chance glaubte, das System noch retten zu können, auch durch die Öffnung eines Ventils namens Reisefreiheit.

Den berühmten Zettel mit den Eckpunkten für ein neues Reisegesetz hatte der Innenminister der DDR aus einer Regierungssitzung mitgenommen, ihn ins Zentralkomitee getragen und dem neuen Staats- und Parteichef Egon Krenz übergeben. Schabowski war nur zeitweise dabei, bekam den Zettel gegen Ende der Sitzung von Krenz herübergeschoben. »Du, kuck dir det mal an, meiner Meinung nach is det in Ordnung«, hatte Krenz laut Schabowski dazu gesagt, und so nahm Schabowski den Zettel mit in die Pressekonferenz, die erste seines Lebens übrigens, die er selbst zu halten hatte, denn einen »Sekretär für Informationswesen« hatte das Zentralkomitee zuvor nicht gehabt.

Schabowski sagt, die Sache mit der Reiseregelung hätte er bewusst für das Ende der Pressekonferenz aufgespart. Denn er fürchtete unangenehme Nachfragen, warum denn der am Montag zuvor verlautbarte frühere Gesetzesentwurf plötzlich nichts mehr wert war. Für die Führung hätten die Ankündigung von freien Wahlen und die Rücknahme des Einflusses staatlicher Planungskommissionen auf die Wirtschaft viel mehr Bedeutung gehabt. Darüber redete er also auch damals lange und ausführlich, wie es seine Art ist. Erst die Nachfrage des italienischen Journalisten Ricardo Ehrmann hätte ihn dann daran erinnert, dass er den bewussten Zettel bei sich trug. Der Rest ist, wie man so sagt, Geschichte.

Dramatisch dann seine Schilderung des weiteren Verlaufs an diesem Abend. Schabowski fuhr nach Hause, in die DDR-Prominentensiedlung Wandlitz bei Berlin. Durch besorgte Anrufe von Parteigenossen alarmiert, machte er sich auf den Weg in die Stadt, voller Sorge, dass die Botschaft noch nicht bis zu den DDR-Grenzposten durchgedrungen sein könnte, dass jemand zu schießen beginnen würde und dass an der Berliner Mauer Verhältnisse wie am Tian’anmen-Platz geschaffen würden. »Die Kreuzung war blockiert von lauter Trabi-Fahrern, die sich Richtung Grenze aufmachten, im Stau kam ich nicht mehr durch, klopfte Autofahrern, die die Kreuzung blockierten, an die Fensterscheiben und bekam zu hören: ›Ey, Schabowski, wurde ja auch Zeit!‹«

Mit viel Mühe schaffte es Schabowski dann, an den Übergang Heinrich-Heine-Straße zu gelangen. »Da kommt ein Zivilist auf mich zu und meldet mir: ›Genosse Schabowski, sie lassen Sie jetzt durch, keine besonderen Vorkommnisse.‹« Der Zivilist war ein hoher Stasi-Mann. Still vergnügt sinniert Schabowski vor sich hin: »Also das Tolle und Absurde dieses Augenblicks ist ja, dass ein Stasi-Mann meldet, die Grenze sei offen und das seien keine besonderen Vorkommnisse. Aber den Witz dieser Situation habe ich damals gar nicht verstanden – mir ist einfach nur ein großer Stein vom Herzen gefallen.«

Wochen später erfuhr Schabowski, dass es einen Plan der DDR-Regierung gegeben hatte, die Maueröffnung in geordneten Bahnen abzuwickeln, allerdings erst am nächsten Tag. Aber von diesem Plan wusste Schabowski nichts, er stand buchstäblich auf einem anderen Blatt als auf jenem, das er bei sich hatte. Ein Nachrichtensprecher hätte die berühmten Worte am nächsten Tag um vier Uhr früh im DDR-Radio verlesen sollen, die Grenzposten hätte man vorher verständigt. Aber so kam alles anders und viel schneller, zum Glück nicht blutiger. Helden des Abends wie Oberstleutnant Harald Jäger sorgten dafür, dass die Waffen schwiegen und die Vernunft siegte. Harald Jäger war jener Grenzer, der als Erster am Übergang Bornholmer Straße den Schlagbaum öffnete. Angesichts des Massenansturms sah er keine andere Wahl. Von diesem Moment an wurden »besondere Vorkommnisse« sogar bei der DDR-Staatsicherheit zu einem äußerst dehnbaren Begriff.

Günter Schabowski wurde ein paar Monate später aus der Partei, die sich damals SED-PDS nannte, ausgeschlossen. Einige von der jungen Garde, die damals dort ans Ruder kamen, sind immer noch aktiv, heute in der Linkspartei, und Schabowski streut ihre Namen gerne ein: »Gysi! Bisky!« Er hat es nie verwinden können, dass die Partei damals beschlossen hat, ihn auszuschließen mit dem Hinweis darauf, er hätte durch die Maueröffnung den Ruin der stolzen SED verursacht. »Ich hatte so ’nen Hals«, schildert Schabowski, als wäre dass alles gerade erst passiert. Er schildert, wie er damals seinen Parteirichtern als frisch gebackener Ex-Genosse gegenüberstand. »Ich sagte: ›Was wäre denn ohne das alles geschehen?‹«, und dann wird sein Berlinerisch ganz breit: »Ihr hättet alle anne Laterne jehangen!« Die Genossen haben seine Worte damals vermutlich genauso von sich abprallen lassen wie heute. Mit einem lauten »Auf Nimmerwiedersehen« sei er aus dem Saal gestürmt. Mit Egon Krenz redet er bis heute kein Wort mehr.

Später ging es ihm in der Bundesrepublik nicht gerade gut, er musste sich als Redakteur bei einer Kleinstadtzeitung verdingen und dann kam er vor Gericht, weil man ihm als Mitglied der obersten DDR-Führung eine Mitverantwortung für die Todesschüsse an der Berliner Mauer zu Last legte. Er wurde zu drei Jahren Haft verurteilt, eines davon musste er absitzen. Doch obwohl er aus persönlicher Sicht viel zu jammern hätte über die neuen Verhältnisse, tut er genau das nicht. Fehler habe es sicher gegeben beim deutschen Einigungsprozess, aber er sagt gleich dazu: »Das Ende der DDR war die Pleite, der Bankrott eines ganzen Staates. Und die alte Bundesrepublik war zwar reich, aber sie war reich für ihre austarierten Verhältnisse. Sie hätte vielleicht ohne Komplikationen in diese Zeit hineinwachsen können, wenn die DDR ein Staat von der Größe Sansibars gewesen wäre.«

Katharsis, so nennt man in den klassischen Dramen die Läuterung des Helden durch tragische Umstände. Zum Helden hat Schabowski nie getaugt, nicht im früheren Leben als Stütze des Systems und auch nicht in den paar Sekunden, die ihn an die Speerspitze einer welthistorischen Entwicklung platziert haben. Aber die Läuterung nimmt man ihm auch ohne vorangegangenes Heldentum gerne ab.

Der Marathon-Mann

Sein Gewicht – weit jenseits der 100-Kilo-Grenze – hätte ihn kaum für sportliche Höchstleitungen prädestiniert. Aber das knappe Jahr, das auf den 9. November 1989 folgte, steht für die Deutschen ganz im Zeichen eines politischen Marathon-Mannes, der in dieser Zeit einen diplomatischen Kraftakt nach dem anderen hinlegte. Helmut Kohl, der oft bespöttelte und belächelte Bundeskanzler, brachte es in kürzester Zeit zuwege, die deutsche Einheit Wirklichkeit werden zu lassen.

Auch hier muss ich wieder daran erinnern, dass das, was im Nachhinein betrachtet so selbstverständlich anmutet – das Zusammenwachsen der beiden deutschen Staaten –, damals im Osten wie im Westen auf Skepsis, ja zuweilen sogar auf harten Widerstand gestoßen ist.

Im Jahr nach dem Mauerfall nahmen bis zu 2000 DDR-Bürger täglich die Gelegenheit wahr, die ihnen jetzt ganz legal geboten wurde: Sie durften ausreisen, die DDR verlassen und in der Bundesrepublik die vollen Bürgerrechte erwerben – inklusive Anwartschaft auf soziale Leistungen. Es war niemand anderer als Oskar Lafontaine, der Anfang 1990 auf dieses Thema setzte, und zwar als Anwalt der Westdeutschen, die sich an ihren Arbeitsplätzen vor Billigkonkurrenz aus dem Osten zu fürchten begannen. Beim Wahlkampf für die saarländische Landtagswahl Anfang 1990 verlangte er allen Ernstes Aufenthaltsgenehmigungen für DDR-Bürger in Westdeutschland und stellte die automatische Vergabe der westdeutschen Staatsbürgerschaft an sie in Frage. Dies brachte ihm bei der Landtagswahl Stimmen. Später, beim bundesweiten Antreten als Kanzlerkandidat im vereinigten Deutschland, fiel ihm aber genau diese Haltung wieder auf den Kopf.

Dazu kam eine in intellektuellen Zirkeln weitverbreitete

Meinung: Die deutsche Teilung sei nun einmal die Strafe für den Hitlerfaschismus und den Zweiten Weltkrieg gewesen, sie müsse quasi als Sühnezeichen für die Gräueltaten der Nazis beibehalten werden. Prominentester Wortführer dieser Gruppe war der Schriftsteller Günter Grass. In den berühmten Frankfurter Poetik-Vorlesungen, als Gastredner auf einem SPD-Parteitag und in unzähligen Interviews gab er seine These immer wieder zum Besten: »Die Geschichte hat uns auferlegt, dass wir in zwei Staaten leben. Wir müssen eben versuchen, trotzdem ein Volk zu sein und eine Form zu finden, die all dem Rechnung trägt, was auf uns lastet. Und dazu gehört in erster Linie Auschwitz.« Vielleicht hätte es Grass ganz gutgetan, hätte er damals schon das Ausmaß seiner persönlichen Verstrickung in die Nazi-Maschinerie offenbart – nicht als Täter, aber als bereitwilliger Mitläufer. Dass er sich als Jugendlicher freiwillig zur Waffen-SS gemeldet hatte, wurde erst viele Jahre später publik. So konnte er damals noch als die Stimme des reinen Gewissens auftreten, die von vielen gerne gehört wurde.

Der dritte und schwierigste Komplex, dem sich Helmut Kohl damals gegenübersah, betrifft aber die internationale Einbettung Deutschlands und die Widerstände, die einer Vereinigung entgegenstanden, von Seiten einer Weltöffentlichkeit, deren wichtigste Repräsentanten den Zweiten Weltkrieg miterlebt hatten. Persönlich hätten sie den Grass'schen Gedankengängen durchaus etwas abgewinnen können, in unterschiedlichen Abstufungen allerdings. Helmut Kohl beschreibt in seinen Memoiren, wie schwierig es für ihn war, mit Großbritanniens Premierministerin Margaret Thatcher zurande zu kommen. Thatcher trat strikt gegen eine Vereinigung Deutschlands auf (obwohl sie intern zugegeben hatte, die Entwicklung gehe in diese Richtung, allerdings habe sie an einen Zeitraum von zehn bis zwölf Jahren gedacht).

Auch Frankreichs Präsident François Mitterrand, dem Helmut Kohl durchaus freundschaftlich verbunden war, stand dem Tempo, das Kohl vorlegte, äußerst misstrauisch gegenüber. Er beharrte vor allem darauf, dass Deutschland Polen gegenüber garantieren müsste, die Westgrenze anzuerkennen (die Oder-Neiße-Linie, benannt nach den beiden Grenzflüssen, die Deutschland zwar als Grenze respektiert, aber nie völkerrechtlich verbindlich anerkannt hatte). Um die Frage, ob dies vor, während oder nach der Vereinigung zu geschehen hätte, tobte ein langer Streit, schließlich wurde als Lösung ein mehrstufiger Plan erarbeitet.

Mitterand und viele andere hatten große Bedenken gegen ein vereintes, mächtigeres Deutschland im Herzen Europas. Helmut Kohl setzte ein Angebot dagegen, das schließlich universellen Anklang fand: Deutschland würde vereinigt, aber voll und ganz dem Gedanken einer europäischen Union verpflichtet sein (die damals noch EWG hieß, sich also auch dem Namen nach vor allem als Wirtschaftsgemeinschaft verstand). Deutschland würde sich verstärkt um eine tiefere Einbettung in das gemeinsame europäische Projekt bemühen. Es ist also nicht falsch, zu sagen, dass wir alle heute etwas bei uns tragen, was Mitterrand und Kohl im Zuge der deutschen Vereinigung – und indirekt auch als Preis derselben – ins Leben gerufen haben: die gemeinsame Währung, den Euro.

Auf besseres Einvernehmen konnte Helmut Kohl dagegen jenseits des Atlantiks zählen. Bei Präsident George Bush (dem Älteren) stieß er auf keine großen Widerstände, denn gerade er galt als glaubwürdiger Garant dafür, dass auch ein vereintes Deutschland sich als loyaler NATO-Partner für die Amerikaner erweisen würde.

Als vierter und wichtigster Gesprächspartner ist schließlich Michail Gorbatschow zu nennen. In seiner Person liegt auch der Schlüssel zur Beantwortung der Frage, warum es die Deutschen damals so besonders eilig hatten mit ihrer Einheit. Der Theologe und Politiker Richard Schroeder, damals für die Ost-SPD direkt am Einigungsprozess beteiligt, gibt es offen zu: »Wir konnten nicht sicher sein, wie lange Gorbatschow sich hält.« Darum der enorme Einsatz, den Kohl und der rastlose Außenminister Hans-Dietrich Genscher an den Tag legten, vor allem, wenn es um die damals noch existierende Sowjetunion ging. Die Deutschen wussten genau, dass Gorbatschow einen schweren Stand hatte. Viele in der Sowjetunion empfanden es als Zeichen von Schwäche, dass die mächtige Union nicht imstande gewesen war, ihr Imperium an der Westflanke vor dem Zerfall zu bewahren. Die Demokratisierungsbewegung in den Satellitenstaaten hatte auch das Ende der Fernsteuerung und Gängelung aus Moskau zum Ziel. Diese Loslösung nicht verhindert zu haben, gereichte Gorbatschow zwar weltweit zu Ruhm und Ehre, daheim galt er aber dafür vielen als Versager, als einer, der ein großes Reich dem Verfall preisgegeben hatte.

Beim Verhandeln mit Gorbatschow griff Deutschland zu seiner wirkungsvollsten, in den Nachkriegsjahren dutzendfach erprobten Waffe: Geld, und zwar sehr viel davon. Kohl hatte seinen Berater Horst Teltschik die Lage in der Sowjetunion sondieren lassen. Er wusste, dass die Wirtschaft dort in schwere Bedrängnis geraten war. Daher das Kohl'sche Rezept, »... den Prozess der außenpolitischen Absicherung der deutschen Einheit mit Finanzhilfen an die Sowjetunion flankierend zu unterstützen«. Etwas zynischer formuliert: Helmut Kohl hatte erkannt, dass Michail Gorbatschow mit dem Rücken zur Wand stand, und konnte sich nun daran schicken, ihm die deutsche Einheit abzukaufen, in erster Linie mit einem Milliardenkredit westlicher Banken, für den die Bundesrepublik als Bürge auftrat.

Gorbatschow leistete zwar hinhaltenden Widerstand – er sprach noch bis Juni 1990 davon, dass das vereinte Deutschland ja beiden Blöcken, NATO und Warschauer Pakt, angehören könnte, quasi als vertrauensbildende Maßnahme für beide Seiten. Aber damit konnte keiner seiner Gesprächspartner etwas anfangen, Helmut Kohl nicht und die US-Regierung schon gar nicht.

Die Entscheidung fiel schließlich in einem alten Forsthaus im Ort Archys, mitten in den kaukasischen Bergen. In diesem Haus, das Gorbatschow als »Datscha« diente, rangen Kohl und Genscher dem sowjetischen Parteichef die entscheidenden Zugeständnisse ab: Freie Wahl des Bündnisses für ein vereinigtes Deutschland (dass es die NATO sein würde, war allen klar), Stationierung der Bundeswehr in ganz Ostdeutschland, Abzug der Sowjettruppen innerhalb von drei bis vier Jahren. Die Zugeständnisse, die Kohl und Genscher machen mussten, waren für die Bundesrepublik leicht zu verkraften: Deutschland würde auf eigene Atomwaffen verzichten, die Truppenstärke der Bundeswehr begrenzen und den Abzug der sowjetischen Streitkräfte mit Geldleistungen unterstützen, vor allem zum Bau von Wohnungen für die zurückkehrenden Soldaten. Wenn man die alten Gesprächsprotokolle durchliest (das meiste davon ist, gegen die üblichen Usancen, vorzeitig von Helmut Kohl freigegeben worden, der damit schon zu Lebzeiten seine welthistorische Bedeutung untermauern wollte), wird deutlich, wie sehr Michail Gorbatschow im Zuge dieser Einigung darauf drängte, sein Gesicht zu wahren. Es sollte der Eindruck vermieden werden, Gorbatschow habe sich die deutsche Einheit zu sehr günstigen Bedingungen für Deutschland abkaufen lassen, gegen eine massive Geldspritze für sein vom Untergang bedrohtes Wirtschaftssystem. Dieser Eindruck hätte ziemlich genau der tatsächlichen Lage entsprochen, aber Helmut Kohl spielte mit und drängte Gorbatschow nicht weiter in die Ecke. Das besorgten ohnehin die Hardliner aus Gorbatschows eigenen Reihen, bis hin zu einem Putschversuch gegen ihn ein Jahr später.

Zu dem Zeitpunkt, als Kohl und Gorbatschow den Schlussstein auf das Einigungswerk setzten, war allerdings der wichtigste Schritt auf dem Weg zur Einigung ohnehin schon vollzogen worden: Am 1. Juli hatte die DDR die D-Mark als offizielles Zahlungsmittel eingeführt. Der Spruch »Kommt die D-Mark, bleiben wir, kommt sie nicht, geh'n wir zu ihr« hatte seine Wirkung nicht verfehlt. Die D-Mark war, neben der Reisefreiheit, das begehrteste Attribut westdeutschen Lebensstils, und jetzt hatten sie alle das Erträumte in ihren Taschen.

Nicht nur die D-Mark galt als besonders erstrebenswert, es waren auch die Produkte des Westens, die nun in einem Sog sondergleichen in die DDR gezogen wurden, von kauffreudigen DDR-Bürgern, die sich vor allem in der Anfangszeit sehr gerne alles aufschwatzen ließen, was westlichen Standard und Prestige versprach.

Es sind in diesen Tagen auch die Fundamente für sehr viel Unverständnis und Hass gelegt worden, denn in diese Zeit fällt der Beginn des westdeutschen Glücksrittertums in der DDR. Sprichwörtlich sind die Geschichten von den Gebrauchtwagenhändlern, die in Scharen in den Osten zogen und leichtgläubigen DDR-Bürgern den letzten Schrott andrehten. Dann kamen Finanzberater und Versicherungsvertreter, viele mit wenig Seriosität, aber viel Überredungskunst ausgestattet. Bald erwachte bei den Ostdeutschen das Gefühl, der große Bruder aus dem Westen sei stets nur drauf und dran, sie über den Tisch zu ziehen. Aber die DDR-Bürger trugen selbst dazu bei, mit ihrem neu erwachten Faible für alle Westprodukte, und – vor allem am Anfang – mit völliger Verachtung für alles, was aus dem »eigenen Land« kam. Schon im Juli 1990 standen große Produktionsanlagen für Konsumgüter in der DDR still, es gab 250.000 Arbeitslose. Die westdeutsche Industrie hingegen konnte frohlocken: Ihre Kapazitäten waren zuvor wegen einer Wirtschaftsflaute bei Weitem nicht ausgelastet, sprich: Sie konnte bei praktisch gleich bleibendem Aufwand locker alles mitproduzieren, was die konsumhungrigen Ostdeutschen begehrten. Darin liegt die Wurzel für ein Ungleichgewicht, das bis heute weiter besteht. Und es hat sich auch eingebrannt im kollektiven Bewusstsein der Ostdeutschen, erinnernd an die trotzig-verzweifelten Worte, die Karl Valentin auf der Bühne aus ganz anderem Anlass einem Mächtigen entgegenschleuderte: »Wir lassen uns das nicht gefallen. Sie sind auf uns nicht angewiesen, aber wir auf Sie, das müssen Sie sich merken!«

Vereint über Nacht

Sie mutete sehr eigen an, die Ankunft in Berlin-Schönefeld am 1. Oktober 1990. Wegen der traditionell recht guten Beziehungen, die das neutrale Österreich zur DDR unterhielt, flog die AUA regelmäßig Schönefeld an, den wichtigsten Flughafen der DDR. Ich war unterwegs in einen Staat, der nur noch eineinhalb Tage existieren sollte. Den Ankunftsstempel drückten mir die DDR-Grenzer noch in den Pass, die Fassade staatlicher Souveränität war noch aufrecht, aber von ihren einst so umfangreichen Kontrollrechten machten die Grenzer keinen rechten Gebrauch mehr. Herbstliches Schönwetter lag über Berlin und die Erwartung der besonderen Stunde schien der Stadt einen besonderen Glanz zu verleihen.

Nun sind ja Journalisten darauf trainiert, in jeder Suppe möglichst viele Haare zu finden. So ging es uns auch darum, die Schwierigkeiten, die Deutschland mit seiner Vereinigung haben würde, möglichst gut zu dokumentieren. »Ihr könntet nach Kleinmachnow fahren«, schlug Helmut Brandstätter, damals der leitende Deutschlandkorrespondent des ORF, mir vor. »Dort läuft schon der Kampf um die Besitzansprüche auf vollen Touren.« Und schon machte ich mich auf den Weg in das Berliner Umland, mit einem Kamerateam, das eigentlich noch in den Diensten der DEFA, der führenden DDR-Filmfirma, stand, aber jetzt auch schon für »private« Aufträge wie jene des ORF zu haben war. Helmut Brandstätter hatte nicht übertrieben. Im ruhig und idyllisch anmutenden Kleinmachnow, einer Waldsiedlung in Brandenburg an der Stadtgrenze von Berlin, hatte sich schon jetzt eine Kontroverse auf ganz besondere Weise zugespitzt. Das hat vor allem mit der Lage Kleinmachnows zu tun, ganz hart an der Berliner Mauer, die dort eigentlich keine Mauer, sondern ein Metallgitterzaun war. Es hatte eine Reihe von Fluchtwellen gegeben, in denen Einwohner von Kleinmachnow in hoher Zahl in den Westen gegangen waren. Das war im Jahr 1949 so, als sich zwei deutsche Staaten gründeten, im Jahr 1953 nach der Niederschlagung des Arbeiteraufstandes in der DDR und dann 1961 kurz vor dem Bau der Mauer.

Die Flüchtenden ließen ihre Häuser und Grundstücke in der DDR zurück. Es gab ein Grundbuch, in dem sie als Eigentümer verzeichnet blieben. Aber die Gemeinden nahmen sich das Recht heraus, diese Immobilien weiterzugeben, An Interessenten wie zum Beispiel Hans-Jürgen Warnick.

Er hat mich damals ein bisschen an einen Waldschrat erinnert, wie er am 2. Oktober 1990 aus seiner Behausung am Schleusenweg in Kleinmachnow herausstapfte, direkt vor unsere Kamera. Schwarze Haare, schwarzer, struppiger Vollbart, Jeans und ein hellblauer Pullover. Er begrüßte uns vor seinem Haus, erbaut in 20 Jahren mühsamer Kleinarbeit. Aber für verwöhnte Westler-Augen hinterließen die vier Wände, auf die er maßlos stolz war, den Eindruck einer ziemlich argen Bruchbude. Unverputzte Betonsteine, klapprige Türen und Fenster, eher eine bewohnte Baustelle als ein Haus. Hans-Jürgen Warnick war Radiomechaniker von Beruf, aber damals hatte er nebenbei schon eine neue Laufbahn eingeschlagen. Er hatte in Kleinmachnow den »Verband der Grundstücksnutzer und Eigentümer« gegründet, später kam dann auch noch der Mieterbund dazu. Klaus-Jürgen Warnick war Grundstücksnutzer. Er hatte sich eigentlich für den Eigentümer gehalten, hatte auf, wie er meinte, eigenem Grund und Boden ziemlich ungestört schalten und walten können. Aber das, was er 1971 mit 19 Jahren unterschrieben hatte, war kein Kauftitel, sondern ein Überlassungsvertrag. Er kaufte eigentlich nicht das Grundstück, sondern nur das Recht, es zu nutzen, auf 99 Jahre, vererbbar, quasi mit staatlicher Garantie. Diese Garantie sollte aber nur so lange halten, wie es den entsprechenden Staat gab, und dessen Existenz neigte sich am 2. Oktober 1990 rapide dem Ende zu.

Klaus-Jürgen Warnick hatte bereits herausgefunden, wer der eigentliche Eigentümer des Grundstückes war: ein Berliner, der Jahrzehnte zuvor die DDR verlassen hatte. Er suchte ihn selbst auf, in Berlin-Charlottenburg, und legte ihm die Situation dar. Der Eigentümer, Versicherungsdirektor von Beruf, gab sich zunächst sehr verständnisvoll. »Ach so, ein Haus haben Sie dort gebaut, mit eigenen Händen? Ach so, Sie haben eine Frau und vier Kinder?« Dann kam der Satz, der Klaus-Jürgen Warnick in den Ohren klingen sollte: »Na ja, wenn das so ist, dann können Sie schon noch ein halbes Jahr dort wohnen bleiben.«

Ich habe Klaus-Jürgen Warnick im Sommer 2009 wieder besucht, fast 19 Jahre nach unserer ersten Begegnung. Dieser Satz, kühl dahingesagt, habe für ihn alles entschieden: »Damals habe ich mir geschworen, das Haus kriegst du nicht!« Seine blauen Augen blitzen auf, sein Bart sträubt sich ein wenig. Er sieht nicht mehr aus wie der Waldschrat von einst, auch wenn er noch immer seinen Vollbart trägt, jetzt freilich komplett ergraut, ebenso wie die kürzer geschnittene und schütterer gewordene Haarpracht.

Es war ein langer Weg mit vielen Gerichtsterminen und großem Nervenverschleiß. Westbürger, die jetzt im Osten alte Rechte geltend machen konnten, hatten meist bessere Karten als die, die auf wackelige Vertragskonstruktionen aus DDR-Zeiten vertraut hatten. Aber mit viel Zähigkeit, sturem Willen und zuletzt auch mit dem Einsatz von Geld konnte Klaus-Jürgen Warnick seinen Kopf durchsetzen. Er zahlte nach jahrelangem Streit dem Alteigentümer 300.000 D-Mark und saß dann tatsächlich auf eigenem Grund und Boden. »Eigentlich habe ich mein Grundstück ein zweites Mal kaufen müssen«, grummelt er vor sich hin, aber letztendlich ist er noch mit einem ganz guten Deal davongekommen. Da hatte es sich auch ausgezahlt, dass er sich als langjähriger Interessenvertreter der Grundstücksnutzer alle nötigen juristischen Finessen angeeignet hatte. »Viele andere haben die Nerven weggeschmissen und aufgegeben«, meint er.

So kommt es, dass heute in Kleinmachnow rund 80 Prozent des Haus- und Grundbesitzes in der Hand von ehemaligen Westbürgern ist. Der Ort ist wieder der, der er vor dem Zweiten Weltkrieg war: einer der »besseren« Vororte von Berlin. In den Zwanziger- und Dreißigerjahren hatten die Filmstars der UFA Kleinmachnow für sich entdeckt. Der Ort lag in der Nähe der Babelsberger Filmstudios, damals so etwas wie Europas Hollywood. Zu DDR-Zeiten war es dann mit Glanz und Glamour vorbei. Selbst heute sind in Kleinmachnow – trotz weitgehender West-Übernahme – die Spuren der DDR noch zu sehen. Die Ernst-Thälmann-Straße, benannt nach dem Kommunistenführer der Zwischenkriegszeit und späteren DDR-Nationalhelden, hat ihren Namen behalten und ein Kindergarten ist nach »Pittiplatsch« benannt, der tollpatschigen Puppenfigur aus dem DDR-Kinderfernsehen.

Ich bin damals, am Vorabend der Vereinigung, mit gemischten Gefühlen wieder in die Stadt gefahren. Es war augenfällig, dass im Osten praktisch jeder sein Leben neu organisieren musste, während es für die Bürger des Westens meist keine große Erschütterung in ihren Lebensumständen gab. Noch dazu hatten die Westdeutschen damals das Versprechen ihres Bundeskanzlers im Ohr, wonach sich die deutsche Einheit praktisch von selbst finanzieren würde – Steuererhöhungen würden nicht nötig sein. Es ist einer von zwei fatalen

Fehlern, die Helmut Kohl – ohne seine Verdienste schmälern zu wollen – in den Tagen der Einheit machte. Der eine war das schon erwähnte Versprechen, wenig später höchst unrühmlich als »Steuerlüge« in die Geschichte eingegangen. Denn es zeichnete sich bald ab, dass nur eine kräftige Steuererhöhung für alle Deutschen die gigantischen Lasten der Vereinigung einigermaßen abfedern konnte. Der zweite Fehler Helmut Kohls war seine immer wiederkehrende Rede von den »blühenden Landschaften«, in die man die triste Ex-DDR schon bald verwandeln würde. Er baute damit einen Erwartungsdruck auf, der der schwierigen Realität nicht standhalten konnte. In der Zeit vor dem Mauerfall hatten viele DDR-Flüchtlinge in der Bundesrepublik mit der Erkenntnis zu kämpfen, dass dort nicht alles so bunt und so einfach war, wie es das begierig konsumierte Werbefernsehens des Westen glauben machte. Die »blühenden Landschaften« Helmut Kohls erweckten nun im Osten den Eindruck, die bunte, westliche Werbewelt würde sich schon bald wie von selbst über den Osten legen. Helmut Kohl hätte ehrlicherweise viel öfter von großen Anstrengungen und Enttäuschungen reden müssen, von enormen Herausforderungen für die Deutschen in Ost und West. So folgten seinem übergroß zur Schau getragenen Optimismus die unvermeidlichen Enttäuschungen auf dem Fuß.

Als ich mit einer Schar von Kollegen zum Brandenburger Tor ging, am Abend der Vereinigung, war inmitten aller Festesfreuden auch ein aggressiverer Zug zu spüren. Männliche Jugendliche, manche mit kahl geschorenen Köpfen und Spuren heftigen Bierkonsums, ließen im Gedränge schon eine stark nationalistisch angehauchte Deutschlandbegeisterung erkennen. Vom prächtigen Feuerwerk zur Mitternachtsstunde kann ich nicht allzu viel berichten, weil sich mein Sichtradius im dichten Menschengewühl extrem verengt hatte.

Übrigens hatten wir Berichterstatter aus Wien damals eine Art Stallorder im Gepäck, direkt aus dem sechsten Stock, der Chefetage des ORF-Zentrums auf dem Küniglberg: Wir sollten tunlichst immer von der »deutschen Vereinigung« und nicht von der »deutschen Wiedervereinigung« sprechen. Der Begriff »Wiedervereinigung« könnte, so wurde befürchtet, in manchen Köpfen den Wunsch reifen lassen, auch Österreich wieder in ein einiges Deutschland inkorporiert zu sehen. Man war sich, 52 Jahre nach dem verhängnisvollen »Anschluss« Österreichs an Nazideutschland, der österreichischen Sache noch immer nicht so restlos gewiss.

BONN – BERLIN

Das Bundesdorf

Es war Sommer, Deutschland war noch nicht einmal ein Jahr wiedervereinigt und ich war unterwegs nach Bonn. »Gehen Sie nach Bonn«, hatte Max Eissler, der legendäre Korrespondentenchef, mir gesagt. Eigentlich wäre ja Washington ganz oben auf meiner Wunschliste gewesen. Aber in Bonn hatte sich überraschend eine Möglichkeit aufgetan und so griff ich zu. Bis dahin hatte ich schon einige Jahre als politischer Journalist in den Knochen, mehr als ein Jahr davon nun ganz in der Außenpolitik, und trotzdem erging es mir wie so vielen Österreichern. Wenig über Deutschland zu wissen, galt nicht als große Bildungslücke. Und so machte ich große Augen, als ich hörte, dass Bonn im Bundesland Nordrhein-Westfalen liegt, und noch größere, als ich hörte, dass in Nordrhein-Westfalen mehr Autos zugelassen sind als in ganz Afrika.

Aber der Weg nach Bonn führte mich zuerst einmal über Muffendorf. In meinem alten, schon etwas ramponierten Mitsubishi Colt, begleitet von Bea, meiner damaligen Freundin und heutigen Frau, nahmen wir die wenigen Serpentinen, die kurz vor Bonn durch die Weinberge führen, hinauf nach Muffendorf. Dort, das wusste ich, hatte der ORF eine Dienstwohnung gemietet, in die ich nun einziehen sollte. Nur von Muffendorf wusste ich damals noch weniger, als ich von Nordrhein-Westfalen wusste. Bald tauchte die dortige Hauptstraße vor uns auf – und entschwand gleich wieder unseren Blicken. Die Hauptstraße von Muffendorf ist sehr kurz und sehr schmuck – von alten Fachwerkhäusern eingerahmt, von Biederkeit durchdrungen.

Jenseits der Hauptstraße drängen sich die Wohnbauten aneinander, Einfamilienhäuser oder kleine, terrassenartige Wohnkomplexe für die gehobenere Klientel. Denn Muffendorf ist beliebt als Wohngebiet, und damals war es besonders beliebt bei denen, die ihre Wohnkosten nicht selbst berappen müssen. Botschafterresidenzen waren dort zu finden, Dienstwohnungen für hochgestellte Persönlichkeiten und auch für andere, denen kein hoher hierarchischer Platz gebührte. Für mich zum Beispiel. An der Eingangstür des Hauses in der Elfstraße, das meine Wohnung beherbergte, stand neben meinem Klingelknopf noch ein leeres Schild. Genau darüber, die Wohnung über meiner Bleibe im Erdgeschoss bezeichnend, stand »Dr. Merkel« zu lesen. Doch nicht etwa die ... Aber ja doch. Es war wirklich die Wohnung von Frau Dr. Angela Merkel, damals Jugendministerin, später im Umweltressort und heute ganz oben. Gesehen habe ich sie in meiner Bonner Zeit allerdings nie. Wir dürften beide ziemlich viel unterwegs gewesen sein. Nur dann und wann war unschwer zu erkennen, dass Frau Dr. Merkel im Hause sein musste, denn da pflegte ein schwerer Geländewagen mit der Aufschrift »Bundesgrenzschutz« gleich neben dem straßenseitigen Gartentor zu parken, mit Herren drin, die man nicht mit aufdringlichen Fragen nach dem Woher und Wohin belästigen wollte.

Über die »Diplomatenrennbahn«, die Godesberger Allee, konnte man in kurzer Zeit nach Bonn gelangen. Besser gesagt, ins politische Bonn, ins Hauptstadtviertel am Rhein. Denn das lag als Erstes vor den Augen jedes Betrachters, der sich von Süden her der damaligen Hauptstadt näherte. Da ragte schon der »Lange Eugen« auf, das 28-stöckige Abgeordnetenhochhaus, benannt nach Eugen Gerstenmaier, dem langjährigen Bundestagspräsidenten, der sich für den Bau eingesetzt hatte. Die Bürobauten im »Tulpenfeld«, in denen die meisten Bonner Korrespondenten ihre Büroräume hatten, und schließlich ein nicht allzu großer, dreistöckiger Bau an der Dahlmannstraße, nur wenige Schritte von Bundeskanzleramt und Bundestag entfernt. Das Haus hatte einmal Wohnungen beherbergt, aber die waren nach und nach ebenfalls von Nachrichtenbüros erobert worden. Auch der ORF hatte eine der dortigen Kleinwohnungen für seine Zwecke adaptiert. Das Wohnzimmer war jetzt das Büro meines Chefs Roland Adrowitzer. Ich fand im Schlafzimmer Aufnahme, unsere Sekretärin Christel Schwartzer residierte in einem vermutlich als Kinderzimmer geplanten Raum und die ganze Sendetechnik für Hörfunk und Fernsehen war in der früheren Küche untergebracht. Unser genialer (und leider schon früh verstorbener) Techniker Earny Thiemann hatte die Küche derart verzaubert, dass man sogar live aus der kleinen Wohnung senden konnte. Da wurde das Wohn- und Chefzimmer flugs zum Studio, die Küche zum Kontrollraum. Wenn Earny einmal beim ORF in Wien vorbeischaute, dann war er dort als »der Mann mit dem Lötkolben« bekannt. Denn die Wiener Kollegen hatten schon mehrmals staunend auf ihren Kontrollmonitoren verfolgt, wie Earny fünf Minuten vor Sendungsbeginn, mit dem Lötkolben bewaffnet, hinter die Wohnzimmercouch kroch, die Tonleitung wieder instand setzte und die Live-Schaltung damit in letzter Sekunde rettete.

Die Eigenart Bonns bestand vor allem darin, dass die eigentliche Stadt und die politische Sphäre kaum Berührungspunkte hatten. Die Stadt war im Wesentlichen das geblieben, was sie war, bevor ihr die Hauptstadtehren zuteil wurden (auf welch trickreichen Pfaden es dazu kam, dazu später noch mehr). Bonn ist eine mittelgroße Stadt, bekannt vor allem als Sitz einer Universität mit gutem Ruf und der dazugehörigen Studenten- und Kneipenszene. Bonn hat ein nettes Zentrum mit Fußgängerzone und Restaurants, über denen der Warnhinweis »Rheinische Küche« prangt. Dies deutet auf Gerichte hin, in denen der Dialog von Blutwurst mit Apfelmus oder jener von Sauerbraten mit Rosinen beschworen wird.

Aber das Eigenartige war eben, dass die Leute aus dem politischen Bonn von alldem nicht viel mitbekommen mussten. Man konnte Politiker sein und jahrelang in Bonn amtieren, ohne jemals mit einem Einwohner der Stadt Bonn gesprochen zu haben. Wie ein gestrandetes Raumschiff lag das Hauptstadtviertel draußen vor den nicht mehr vorhandenen Stadttoren, eine Welt für sich, mit eigenen Konventionen, Ritualen und Bräuchen, die bei Außenstehenden Verblüffung erregen konnten.

Nur in diesem Klima war zum Beispiel die bemerkenswerte Karriere des Abgeordneten Ludwig Maria Mierscheid möglich. Geboren in Morbach im Gebiet des Hunsrück, aus kleinen Verhältnissen stammend, Schneidermeister und Mitglied eines Kleintierzüchtervereins, gelang ihm auf unauffällige und unspektakuläre Weise im Jahr 1979 der Aufstieg in die Reihen der Mitglieder des Deutschen Bundestages. Im Verzeichnis des Deutschen Bundestages (Online-Ausgabe) ist er auch heute noch zu finden, und das, obwohl ihm eines fehlt: die Existenz in der realen Welt der Erdenwesen nämlich.

Mierscheid ist das Phantom des Bundestages. In der Bonner Zeit machten sich die Abgeordneten reihenweise den Spaß, seinen Namen als Unterstützer mit aufzulisten, wenn sie ihre Eingaben machten. Mierscheid wurde so nicht nur eine Quelle bundestagsinterner Heiterkeit, er bot auch eine der vielen Gelegenheiten, bei denen sich die Insider des Bonner Politbetriebs von den »Nur-Bonnern« abheben konnten. Wer den Namen Mierscheid kannte, wer wusste, was es damit auf sich hatte, wer vielleicht sogar die eine oder andere Mierscheid-Anekdote erzählen konnte, der gehörte dazu. Kein Wunder, dass eine der Kneipen, in denen die Bonner Politszene abends zusammenfand, stolz und auf Distinktion bedacht den Namen »Mierscheid« trug.

Dass die Hauptstadtszene sich ausgerechnet in Bonn entfalten konnte, ist im Grunde dem trickreichen Wirken eines einzigen Mannes zuzuschreiben: Konrad Adenauer, erster Bundeskanzler der Bundesrepublik Deutschland. Schon lange vor den Tagen der Bonner Republik war Adenauer eine legendäre Figur: als Abgeordneter noch zu Kaisers Zeiten, als Oberbürgermeister von Köln und als Präsident des Preußischen Staatsrats. Denn das Rheinland gehörte in der Weimarer Republik, wie zuvor schon im Kaiserreich, zu Preußen, sehr zum Leidwesen Adenauers. Als katholischer, konservativer Politiker sah er die Dominanz des protestantischen, sozialdemokratischen Preußen mit Missvergnügen. Das war auch einer der Gründe, aus denen sich Adenauer nach dem Krieg mit der Errichtung eines eigenen »Weststaates« im geteilten Deutschland viel eher anfreunden konnte als viele andere. Von Köln aus hatte er immer schon sehr stark Richtung Westen geblickt, und die Tatsache, dass ein Deutschland unter Einbeziehung der »Ostzone« protestantischer und sozialdemokratischer geworden wäre, ließ ihn in der Teilung auch einen politischen Vorteil sehen.

Als unter dem wachsenden Druck der Besatzungsmächte die Bemühungen zur Schaffung eines neuen westdeutschen Staates in die entscheidende Phase gingen, sicherte sich Adenauer einen Posten von entscheidender Bedeutung. Er wurde Vorsitzender des Parlamentarischen Rates, der Versammlung, die die Grundlagen für das künftige Staatswesen erarbeiten sollte.

Nun kam der Umstand ins Spiel, dass Adenauer ein Haus in Rhöndorf besaß, in Sichtweite der Stadt Bonn, zwar auf dem anderen Ufer des Rheins, aber mit günstiger Fährverbindung nach »drüben«. Adenauer setzte alles daran, den künftigen Regierungssitz in der Nähe seines Wohnortes zu etablieren.

In dieser Zeit hatte bereits ein großes Wetteifern um den

künftigen westdeutschen Regierungssitz begonnen. Berlin kam nicht mehr in Frage. Es lag mitten in der Ostzone, unter dem Sonderstatus der Verwaltung durch die vier Alliierten. Es gab aber schon einen logischen Favoriten: Frankfurt. Eine große, zentral gelegene Stadt, Verkehrsknotenpunkt seit jeher, Krönungsstadt der Kaiser des Heiligen Römischen Reiches Deutscher Nation, Sitz des ersten frei gewählten deutschen Parlaments, der Nationalversammlung, die 1948 in der Frankfurter Paulskirche zusammengetreten war. Nicht nur die Geschichte sprach für Frankfurt. Die alliierte Wirtschaftsverwaltung für die Westzonen hatte dort ihren Sitz, die wichtigsten Behörden des Landes waren daher schon in der Stadt konzentriert. Telefonleitungen, damals ein besonders knappes Gut, hatte Frankfurt in wesentlich größerer Zahl anzubieten als alle Mitbewerber. Und auch regionale Gründe spielten mit. So sollen Politiker der bayerischen CSU die Meinung vertreten haben, die künftige Hauptstadt dürfe keinesfalls nördlicher als Frankfurt liegen.

Aber das alles konnte Adenauer und die Bonner Stadtführung nicht abhalten. Noch lange bevor das Wort »Lobbying« Einzug in den Wortschatz der Politik fand, wurde es hier schon ausgiebig betrieben. Bonn bemühte sich, die angereisten Verfassungsväter möglichst gut zu beherbergen und zu bewirten, täuschte über den Mangel an allem, was man für eine geordnete Verwaltung brauchte, geschickt hinweg und konnte noch dazu damit punkten, dass die Stadt im Fall des Falles »besatzungsfrei« wäre – die britische Armee konnte überredet werden, ihre Truppen aus der Stadt abzuziehen, um den Anschein der Souveränität zu wahren.

Trotzdem hatte Frankfurt, ganz objektiv betrachtet, eindeutig die besten Voraussetzungen für einen hauptstädtischen Betrieb. Der Wettbewerb zwischen Frankfurt und Bonn bekam groteske Züge, als beide Städte gleichzeitig damit begannen, Plenarsäle für ein künftiges Parlament zu bauen. Man ließ nichts unversucht in diesen Tagen, aber letztendlich war Adenauers Bonner Trickkiste tiefer als jene der Frankfurter Konkurrenz. Am 10. Mai 1949, kurz vor der entscheidenden Abstimmung über den künftigen Regierungssitz, ließ Adenauer in seiner Fraktion, der CDU/CSU, eine Agenturmeldung zirkulieren. Dort war davon die Rede, dass Kurt Schumacher, der Vorsitzende der SPD, vor seinem Parteivorstand eine Entscheidung für Frankfurt als wichtig bezeichnet hatte, um der CDU/CSU-Fraktion eine Niederlage beizubringen. Die besagte Agenturmeldung war nie über die Fernschreiber der Zeitungsredaktionen gegangen, ihr Wahrheitsgehalt ist höchst zweifelhaft. Zwei mit Adenauer befreundete Journalisten hatten die Meldung getippt, aber nicht ins Agenturnetz gegeben. Die Finte erfüllte ihren Zweck. Diejenigen in der Fraktion, die noch für Frankfurt gewesen waren, wollten nicht den Anschein erwecken, sie hätten der SPD einen billigen Triumph gegönnt. Am Ende lautete das Ergebnis 33 zu 29 Stimmen für Bonn und Adenauer konnte somit weiterhin täglich mit der Fähre zu seinem Bonner Dienstsitz pendeln.

Den ließ er auch gleich mit Feuereifer weiter ausbauen. Im September 1949, nach der ersten Bundestagswahl der neu geschaffenen Republik, wurde er Bundeskanzler – mit 73 Jahren. Das sollte er ganze 14 Jahre bleiben. Das vollkommen desolate Palais Schaumburg wurde von ihm als neues Kanzleramt auserkoren. Adenauer ließ planen und bauen wie besessen, kümmerte sich wenig um Budgets, aber viel um Orders wie jene, dass die Türen im Palais aus echtem Kirschholz zu sein hätten.

Adenauer stand an der Wiege von fast allem, was die Bundesrepublik in den Bonner Jahren ausmachte: die Westbindung, der Beitritt zur NATO, die besonders wichtige Aussöhnung mit Frankreich, die soziale Marktwirtschaft. Im Nachhinein sehen all diese Vorgänge wie Puzzleteile aus, die sich fast zwangsläufig zu einem ganzen Bild fügen mussten. Doch die Zeitgenossen haben vieles anders gesehen. So hatte eine staatlich gelenkte Wirtschaft, vor allem unter dem Vorzeichen der Not der Nachkriegsjahre, auch auf konservativer Seite ihre Befürworter. Es waren Adenauer und vor allem sein Wirtschaftsminister Ludwig Erhard, die dem Land eindeutig marktwirtschaftliche Züge aufprägten.

So erscheinen denn auch die Bonner Jahre im Rückblick häufig gerne als die Jahre des Wirtschaftswunders, des stetig wachsenden Wohlstandes und des behaglichen Sich-Einrichtens im westlichen System.

Ich habe in Bonn aber auch noch wesentlich grimmigere Geschichten aufgeschnappt, Lebensgeschichten aus den Jahren der deutschen Teilung, die oft am Regierungssitz Bonn ihren Brennpunkt fanden. Christel Schwartzer, unsere Sekretärin, war als junges Mädchen aus der DDR geflüchtet. Über einige Umwege hatte es sie dann nach Bonn verschlagen, wo sie es bis zur Sekretärin im Büro des CDU/CSU-Fraktionsvorsitzenden Rainer Barzel brachte. Das wurde ihr zum Verhängnis, denn schon bald begannen Abgesandte des DDR-Geheimdienstes, sie unter Druck zu setzen. Man verlangte von ihr Informationen aus Barzels Büro und man hatte ein Druckmittel zur Hand: Christels Mutter war in der DDR zurückgeblieben, nun drohten die DDR-Geheimdienstler ganz unverhohlen mit Repressalien gegen sie. Bald bekam auch die deutsche Abwehr Wind von der Angelegenheit. Christel schilderte oft die grotesken Szenen, die sich damals abspielten, wenn sie nach Hause in ihre Wohnung ging: Vor der Tür ein Wagen der DDR-Stasi, an der Rückseite des Hauses einer der westdeutschen Abwehr. Als einzige Lösungsmöglichkeit kam eine teure Haupt- und

Staatsaktion in Gang: Christels Mutter wurde aus der DDR herausgekauft und durfte zu ihrer Tochter in den Westen.

Bei anderen hatte die Stasi nicht mit Druck, sondern mit dem Lockruf des Herzens operiert. In Bonn zirkulierten reihenweise die Geschichten von den »Bonner Romeos«, den »Offizieren im besonderen Einsatz« der Stasi, die sich an einsame Damen aus Bonner Regierungskreisen heranmachten, zuerst ihre Herzen eroberten und dann ihr Wissen und ihre Dokumente.

Die Zeit des Kalten Krieges war gerade erst zu Ende gegangen, das wechselseitige Belauern hatte zumindest zwischen Ost- und Westdeutschland ein Ende. Aber noch saß die Zeit, in der ein nuklearer Schlagabtausch zwischen Ost und West stets als möglich erschien, allen in den Knochen. Heiko Schulze, unser Kameramann, hatte einen Teil seines Wehrdienstes im hochgeheimen Regierungsbunker an der Ahr rund 25 Kilometer südlich von Bonn abgeleistet. An sein diesbezügliches Schweigegelübde fühlte er sich für ewige Zeiten gebunden, aber eines erzählte er doch immer wieder: Das Unheimlichste sei dort das Gefühl gewesen, das einen angesichts des ungeheuren Aufwandes beschlich, der für diesen Bunker getrieben wurde. »Wenn die so viele Milliarden hineinstecken in diese unterirdische Stadt, dann müssen sie ja wirklich sehr fix damit rechnen, dass man das alles auch einmal brauchen wird.« So hätten alle gedacht, die damals mit ihm im Bunker waren, mit dunklen Gefühlen in einer Zeit, in der die Strategen aus Ost und West ziemlich realistisch mit Deutschland als nuklearem Schlachtfeld kalkulierten.

Bonn kommt nach Berlin

Bonn hatte zu Beginn des Sommers 1991 einen Kampf ausgefochten, der wie ein Kampf ums Überleben anmutete. Kundgebungen, intensives Lobbying, helle Aufregung in der sonst auf ihre Gelassenheit bedachten Stadt. Überall die bange Sorge um eine Entscheidung, die jetzt unmittelbar bevorstand: Was soll aus Bonn werden? Von der herannahenden »Hauptstadtabstimmung« war überall die Rede. Aber korrekt war das nicht. Vor allem auf Drängen der DDR-Seite war schon im Beitrittsvertrag der DDR zur Bundesrepublik knapp ein Jahr vorher die Hauptstadtentscheidung klipp und klar festgeschrieben worden: »Hauptstadt Deutschlands ist Berlin«, hieß es da, allerdings unmittelbar gefolgt von einem wichtigen Beisatz: »Über den Sitz der Regierung wird später entschieden.«

Bonn hatte sich in der Rolle des vermeintlichen Dauerprovisoriums gut behauptet. Für viele Beamte war Bonn die Stadt, in der man es zu einem Eigenheim gebracht hatte, um dessen Wert man fürchten musste, wenn Bonn seiner Regierungsfunktionen verlustig ginge. Dazu kamen Geschäftsleute, die um die Abwanderung ihrer zahlungskräftigen Kundschaft fürchteten, allen voran der schnauzbärtige Kneipenwirt Friedel Drautzburg.

Die buntesten Ideen kursierten in den Wochen vor der heranrückenden Entscheidung. Es gab die Vorstellung, Berlin solle als formale Hauptstadt lediglich den Bundespräsidenten und die zweite Parlamentskammer, den Bundesrat, beherbergen. Vom Hamburger Oberbürgermeister Henning Voscherau, der dem Bundesrat vorstand, kam die Idee, es sollten Bundespräsident, Bundesrat und das Auswärtige Amt nach Berlin gehen und alles andere in Bonn bleiben. Der Außenminister hätte noch mehr Flugstunden sammeln müssen, als er ohnehin schon kraft seines Amtes zusammenbekam.

Bis zum Tag der Entscheidung am 21. Juni 1991 war das Rennen ziemlich offen. Denn beide Seiten hatten intensives Lobbying betrieben, beide Seiten hatten gewichtige Argumente vorzubringen. Für Berlin sprach die Vorstellung, die deutsche Einheit müsse sich nun in der Stadt vollenden, zu der man auch in den Jahren der Teilung gehalten hatte, die den Geist der Vereinigung eindeutig zu symbolisieren vermochte, wegen der gefallenen Mauer mitten durch die Stadt. Die Berliner argumentierten auch, der neue Regierungssitz sollte bewusst nicht in die mitteleuropäische Wohlstandszone gesetzt werden, also nicht in die wirtschaftlich potente Region am Rhein, sondern in die noch zu entwickelnde Zone im Nordosten, in deren Mitte Berlin lag.

Es gibt viele Schilderungen des Verlaufs jener denkwürdigen Debatte im Deutschen Bundestag, in der der Beschluss schließlich fiel. Bis zuletzt hatten sich die Bonner leichte Vorteile ausgerechnet, hatten gehofft, Regierung und Parlament behalten zu können. Sie setzten vor allem auf die jüngeren Abgeordneten, die in und mit der Bonner Republik aufgewachsen waren. Dazu kamen die im Bundestag stark vertretenen Rheinländer, vor allem aus dem bevölkerungsreichsten Bundesland Nordrhein-Westfalen, die man für entsprechend durchsetzungsfähig hielt. Aber gleich der Erste aus dieser Riege, Arbeitsminister Norbert Blüm von der CDU, hielt ein eher verunglücktes Plädoyer für Bonn. Mit Sätzen wie »Lasst dem kleinen Bonn Parlament und Regierung!« und »Ersparen wir Berlin den Weg in eine Megastadt!« konnte Blüm nicht besonders punkten, und seine Einlassung, der Staat solle nicht »der Betreiber einer kollektiven Umsiedlung« sein, wirkte ziemlich dick und ungeschickt aufgetragen.

Im Lauf des hitzigen Parlamentstages kam der Umstand immer mehr zum Tragen, dass die Berlin-Befürworter quer durch die Fraktionen über die besseren Redner verfügten – und über Menschen, die ihr Anliegen schon durch die Wirkung ihrer persönlichen Geschichte überzeugend verkörpern konnten. Altkanzler Willy Brandt, der Mann, der zum Zeitpunkt des Baus der Berliner Mauer Bürgermeister von Westberlin gewesen war, saß als lebende Legende im Bundestag. Dazu Helmut Kohl, der Kanzler der Einheit, der sich, spät aber doch, ganz auf Berlin festgelegt hatte. Vor allem aber Innenminister Wolfgang Schäuble, der den Einigungsvertrag ausgehandelt hatte, der selbst aus dem Bonn nahe stehenden Westen stammte, aber jetzt zum eindringlichsten und flammendsten Appell für Berlin ansetzte: »Deutschland, die Deutschen, wir haben unsere Einheit gewonnen, weil Europa seine Teilung überwinden wollte. Deshalb ist die Entscheidung für Berlin auch eine Entscheidung für die Überwindung der Teilung Europas.« Schäuble sprach davon, dass man, »um die Teilung zu überwinden, zu teilen bereit sein« müsse. Und zum Teilen gehörten eben nicht nur Steuern und Abgaben, sondern auch die Bereitschaft, die Veränderungen miteinander zu tragen, die sich durch die deutsche Einheit ergeben hätten. Es war nicht nur der Text, der seine Wirkung tat. Schäuble war kurz nach der deutschen Vereinigung von einem geistig verwirrten Attentäter niedergeschossen worden. Er hielt seine Rede vom Rollstuhl aus, trotz aller Anspannung hoch konzentriert und beherrscht. Er erntete stehenden Beifall sowie eine Geste, die das Protokoll nüchtern festhält: »Abg. Willy Brandt (SPD) gratuliert Abg. Dr. Wolfgang Schäuble (CDU/CSU).« Willy Brandt war nach vorne an Schäubles Rollstuhl geeilt und hatte ihm die Hand gedrückt. Vielleicht wirkte diese wenige Sekunden lange Szene noch eindrücklicher als jede Rede an diesem Tag. Spätabends stand es jedenfalls fest: Mit knapper Mehrheit hatte Berlin gewonnen. Regierung und Parlament würden künftig dort amtieren.

Doch auch im Spätsommer 1991, als ich als ORF-Korrespondent in Bonn eintreffe, denken die Bonner noch lange nicht ans Aufgeben: Die lokalen Mittelständler der CDU rufen trotz verlorener Abstimmung nach wie vor zu Demonstrationen für Bonn als Hauptstadt auf, jeden Donnerstagabend auf dem Marktplatz vor dem barocken, rosa getünchten Rathaus.

Eines Abends Anfang September kommen auch zwei sogenannte »politische Beobachter« aus Österreich dorthin, Roland Adrowitzer und ich. Wir wollen dabei sein, wenn das Bonner Herz besonders laut schlägt, bei der Kundgebung, zu der auch jetzt, lange nach dem Umzugsbeschluss, Hunderte Menschen versammelt sind. »Als Nächster spricht unser besonderer Freund, der Abgeordnete Dr. Müller«, ruft der CDU-Sprecher in die Menge. Roland und ich grinsen uns an, denn in Bonn waren damals Dr. Müllers Sexshop-Filialen sehr bekannte Adressen. Mit denen hat unser Redner allerdings nichts zu tun, er ist ein Mandatar der bayerischen CSU, wortgewaltig und überzeugt von seiner Mission. Der Beschluss, Regierung und Parlament nach Berlin zu verlegen, sei »rein deklamatorischer Natur gewesen«, das betont er immer wieder. Eine enorme Geldverschwendung werde da betrieben, ein »Griff in den Geldbeutel des kleinen Mannes«. Andere Redner pflichten ihm mit Feuereifer bei und lassen dann die spezielle Spielart lokaler Ressentiments aufleben: »Wir Rheinländer haben noch nie etwas Gutes von Preußen erwarten können«, ruft einer der Redner. Auf Plakaten steht: »Bonn hat die europäische Zukunft, Berlin die preußische Vergangenheit« oder »Weiter vorwärts mit Bonn statt mit Berlin zurück«. Wie ein Gespenst wird die preußische Fremdherrschaft über das Rheinland beschworen, unverhohlen wird Berlin unterstellt, es könnte wieder als Hort des Militarismus und eines wiedererwachenden deutschen Größenwahns dienen, wenn, ja wenn der Beschluss nicht gekippt werde und die Regierungsmacht in Bonn verbleibe.

Der Abgeordnete Dr. Müller hat wegen seines ungestümen Einsatzes für Bonn in seiner eigenen Fraktion noch einige Schwierigkeiten bekommen, denn seine Andeutungen, hinter den Kulissen sei bei der Entscheidung für Berlin manches nicht mit rechten Dingen zugegangen, sorgten für böses Blut bei großen Teilen der parlamentarischen Kollegenschaft.

Mit ihrem wackeren Einsatz für Bonn haben die Lokalpatrioten aber immerhin einiges erreicht: Bonn hat sich fürstlich entschädigen lassen für die verlorenen Würden und erntet jetzt schon seit Jahren die Früchte seines beharrlichen Engagements.

Vom Bundesdorf zur Bundesstadt

Machen wir einen großen Sprung auf der Zeitachse hinein in die Gegenwart: Vor Kurzem war ich wieder in Bonn, bei einer Umweltkonferenz der Vereinten Nationen. Interessant zu sehen, was aus den Befürchtungen von damals geworden ist: Bonn ist weder verödet noch verarmt, das Gegenteil ist viel eher der Fall. Die UNO ist mit 18 Unterorganisationen in Bonn vertreten. Sie gehört zu den Behörden, die Bonn quasi als Kompensation an Land ziehen konnte. Auch die Nachfolgefirmen der ehemaligen Deutschen Post, die Post AG, die Telekom und die Postbank, sitzen mit ihren Zentralen in Bonn und sorgen mit dafür, dass die Region jetzt nicht weniger, sondern fast 50.000 Arbeitsplätze mehr hat als zu den Zeiten der sprichwörtlichen Bonner Republik.

Und die Regierung? Auch die sitzt – in Bonn. Zu guten Teilen jedenfalls, auch heute, 18 Jahre nach dem Umzugsbeschluss. Denn im Jahr 1994 wurde im Detail ausgeheckt, was zuvor schon vom Bundestag festgelegt worden war: Bonn sollte weiterhin eine wichtige Rolle beim Ablauf der Regierungsgeschäfte spielen. Und so wurde im »Berlin-Bonn-Gesetz« einiges fixiert, was Bonn bis heute eine hervorgehobene Stellung sichert: Nie dürfe die Zahl der Bundesbeamten, die in Berlin arbeiten, höher sein als jene der in Bonn tätigen. Dieser Schlüssel wird bis heute eingehalten, um den Preis einer geteilten und darum sicher nicht effizienter arbeitenden Verwaltung.

Aber es kommt noch besser: Bis heute haben sechs Ministerien ihren offiziellen Dienstsitz in Bonn, darunter so wichtige wie Verteidigung, Gesundheit und Bildung. In Berlin, wo Kanzlerin und Bundestag sitzen, haben die jeweiligen Minister also nur so etwas wie ein Zweitkabinett – auf dem Papier jedenfalls. Und, weil es immer noch skurriler geht: Alle anderen

Ein historischer Moment: Menschen aus Ost und West stehen am Abend des 10. November 1989 auf der »Mauer« am Brandenburger Tor.

Oben: »Mauerspechte« begannen schon in den ersten Tagen nach Öffnung der Mauer mit dem Abriss auf eigene Faust.
Unten: Helmut Kohl und Michail Gorbatschow hatten im deutschen Einigungsprozess die Schlüsselrollen inne.

Oben: Blick auf das ehemalige Regierungsviertel in Bonn mit Teilen des alten Bundeshauses und dem ehemaligen Abgeordnetenhaus.
Unten: Das neue Berliner Regierungsviertel von der Spree aus gesehen.

Links: Feuerwerk zum Jahrestag der Wiedervereinigung Deutschlands am Brandenburger Tor in Berlin (1996).
Oben: »Wir zahlen nicht für eure Krise!« ATTAC-Demonstration gegen die Finanzkrise in Frankfurt am Main 2009.
Unten: Die Finanzkrise trifft 2009 den deutschen Autobauer Opel mit voller Wucht. Aufgebrachte Opel-Mitarbeiter warten auf die Ankunft der Bundeskanzlerin.

Angela Merkel ist die erste Bundeskanzlerin nach Konrad Adenauer, Ludwig Erhard, Georg Kiesinger, Willy Brandt, Helmut Schmidt, Helmut Kohl und Gerhard Schröder.

Oben: Der damalige Bundeskanzler Gerhard Schröder (rechts)
mit Oskar Lafontaine wahlkämpfend in München 1998.
Unten: Farbbeutelattacke auf Außenminister Joschka Fischer aus Protest gegen den
NATO-Einsatz Deutschlands im Kosovo-Konflikt 1999.

Auftritt auf der Weltbühne: Die Staats- und Regierungschefs Obama (USA), Brown (GB), Sarkozy (F), Merkel (D), Berlusconi (I), Aso (J) und Medwedew (RUS) beim G8-Gipfel 2009 in L´Aquila (Italien).

Ministerien, die in Berlin sitzen, sind im Gegenzug verpflichtet, auch einen Zweitsitz in Bonn zu unterhalten.

Immer wieder wird zaghaft versucht, an diesen seltsamen Gebräuchen etwas zu ändern. Zuletzt kamen entsprechende Vorschläge aus dem Innenministerium von Wolfgang Schäuble. Doch die Bundeskanzlerin hat signalisiert, dass das Thema für sie derzeit keine Priorität genießt.

Und die energischen Bonn-Befürworter von einst? Sie haben sich mit der neuen Rolle Bonns abgefunden, der Stadt, die sich übrigens seit 1994 mit dem neu geschaffenen Titel einer »Bundesstadt« schmücken darf. Oder sie sind nach Berlin umgezogen, wie Friedel Drautzburg, der schnauzbärtige Wirt. Er betreibt jetzt die »Ständige Vertretung«, eine Szene-Kneipe in Berlin, in der heimwehgeplagte Ex-Bonner alles Überlebensnotwendige finden können. Vor allem die schlanken, kleinvolumigen Biergläser, die »Stangen«, in denen stets frisches Kölsch auf den Tisch kommt, der Treibstoff, der in den Bonner politischen Zirkeln die Diskurse oft bis weit über die Sperrstunde hinaus beflügelt hat.

Berliner Republik

Viel war die Rede gewesen von möglichen Nebenwirkungen des Regierungsumzugs nach Berlin. Das Berliner Ambiente könnte deutsches Großmachtstreben aufs Neue beflügeln, die Berliner Republik werde arroganter auftreten als jene, die sich von Bonn aus eher zaghaft auf der Weltbühne bewegt hatte – zumindest bis zum großen Jahr der Vereinigung.

Zunächst dauerte es allerdings viel länger als ursprünglich gedacht, bis sich Regierung und Parlament tatsächlich nach Berlin lotsen ließen. Erst 1999 war es so weit. Helmut Kohl, der Marathon-Mann der Einheit, hatte sich in langen Jahren an der Macht schon so sehr verbraucht, dass er ein Jahr zuvor abgewählt worden war. Das erste rot-grüne Kabinett in der bundesdeutschen Geschichte übernahm die Regierung. Gerhard Schröder, der neue Bundeskanzler, war es, der nun in das riesige neue Kanzleramt in Berlin einziehen sollte, das Helmut Kohl eigentlich für sich hatte planen lassen. Monumental und formatfüllend war es ausgefallen, ganz in Kohl'scher Manier, achtmal größer als das Weiße Haus in Washington.

Der größte politische Paukenschlag jener Zeit war zum Umzugstermin gerade erst verhallt: Am 11. März 1999, nach nur 181 Tagen im Amt, hatte Oskar Lafontaine, Schröders wichtigster Mitstreiter, aber auch sein ständiger Rivale, alles hingeworfen, das Ministeramt wie auch den Parteivorsitz der SPD, sogar sein Mandat im Bundestag. Viel ist über Lafontaines Motive geschrieben und spekuliert worden. Von Mobbing durch Schröder ist die Rede (der hatte zuvor in einer Kabinettssitzung verkündet, er werde keine wirtschaftsfeindliche Politik dulden) bis hin zu beruflicher und nervlicher Überlastung Lafontaines. Eines aber soll auch mitgespielt haben: Lafontaine hätte, nach Darstellung des Politologen Gerd Langguth, auch Angst vor einem Umzug nach Berlin gehabt, aus rein persönlichen Gründen. Denn aus Bonn sei er oft noch spät nachts nach Hause ins Saarland gefahren, wo er durch Kindheit, Jugend und lange Jahre als Ministerpräsident tief verwurzelt war und ist. Von Berlin aus wäre das nicht mehr möglich gewesen. So könnte die Berliner Republik ein politisches Opfer gefordert haben, bevor sie noch ihre offizielle Existenz antrat.

Anfangs hausten die Neuberliner aus der politischen Klasse oft in Behelfsquartieren und Provisorien. Das hatte auch seine ironischen Seiten. So war das Kanzleramt noch lange nicht fertig und Gerhard Schröder musste zu Beginn seiner Berliner Amtszeit im früheren Gebäude des Staatsrates der DDR amtieren. Schröder merkt in seinen Memoiren an, dass der Umzug nach Berlin auch die Sichtweisen der Regierenden beeinflusst hatte – aber nicht hin zu mehr Großmachtdenken, sondern vor allem hin zu einem deutlicheren Erleben der geschichtlichen Dimensionen des Ortes und der Gegensätze, die zwischen Ost- und Westdeutschland, aber auch zwischen Ost- und Westeuropa noch immer herrschten: »Achtzig Kilometer bis zur polnischen Grenze, da wird Warschau zur Nachbarstadt. Und es wird auch klar, dass in dieser Nachbarschaft die Erinnerung an die jüngere Geschichte und an den deutschen Anteil an ihr überaus wach und präsent ist.«

Auch jene Politiker, die schon fertige Quartiere beziehen konnten, mussten erst mit dem Umstand umzugehen lernen, dass in der Berliner Innenstadt praktisch jeder Quadratmeter die volle Last der Geschichte trägt. Hans Eichel, der Mann, der nach Oskar Lafontaines blitzartigem Abgang in Windeseile ins Finanzministerium geholt worden war, bezog jetzt im ehemaligen Reichsluftfahrtministerium Quartier, in dem Hitlers berüchtigter Feldmarschall Göring amtiert hatte.

Joschka Fischer, der Mann, der vom marxistischen Straßenkämpfer zum ersten grünen Außenminister Deutschlands aufgestiegen war, beschreibt in seinen Memoiren die Gefühle, die ihn beschlichen, als er in seine neuen Amtsräume einzog. Das Auswärtige Amt ist im alten Reichsbank-Gebäude untergebracht, dessen Grundstein Adolf Hitler selbst gelegt hatte: »In der Zeit (...) stellte ich mir beim Gang in mein Büro öfter die Frage, wie viel geraubtes Vermögen der deutschen und europäischen Juden und der vom Deutschen Reich besetzten Länder hier wohl gehortet worden war.« Noch grotesker war der Umstand, dass später das Zentralkomitee der SED, der kommunistischen DDR-Einheitspartei, hier residiert hatte, und dass Joschka Fischer genau jenes Büro übernahm, in dem Erich Honecker 18 Jahre lang seines Amtes als Generalsekretär gewaltet hatte. Fischer stellte später zwei kleine Holzfiguren auf seinen Schreibtisch, einen Ochsen und einen Esel, als Persiflage auf eines der verquersten und bekanntesten Zitate aus Erich Honeckers Endzeit an der DDR-Spitze: »Den Sozialismus in seinem Lauf hält weder Ochs noch Esel auf!«

WELTMACHT WIDER WILLEN

Verteidigung am Hindukusch

Ein politischer Schritt, den viele von einer Berliner Republik erwartet oder befürchtet hatten, war der Schritt hin zu mehr »internationaler Verantwortung«, wie man es gerne nennt, weil das, worum es eigentlich geht, etwas unangenehmer klingt. Es geht um Macht und um ihre Ausübung. Konkret geht es darum, ob ein größer und mächtiger gewordenes Deutschland diese Macht ausüben dürfe, und zwar auch weltweit in militärischer Form.

Lange hatte sich Deutschland in einer teils selbst gewählten, teils auch von den Weltmächten zugewiesenen machtpolitischen Nische befunden. Deutschland gehört dem westlichen Vereidigungsbündnis NATO an, seit der Gründung im Jahr 1949. Aber die NATO wurde nun einmal auch gegründet, um Deutschlands Macht nach den unheilvollen Erfahrungen des Zweiten Weltkriegs für alle Zeiten wirksam zu begrenzen. Besonders präzis fasst dies der berühmte, dem ersten NATO-Generalsekretär Lord Ismay zugeschriebene Satz zusammen, wonach es Aufgabe der NATO sei, die Amerikaner drinnen, die Russen draußen und die Deutschen unten zu halten (»to keep the Americans in, to keep the Russians out and to keep the Germans down«).

So war es zum Beispiel für keine der involvierten Seiten problematisch, dass Deutschland sich am Golfkrieg 1991, dem Krieg, den George Bush der Ältere gegen den Irak nach dessen Einmarsch in Kuwait führte, nicht militärisch beteiligte. Das Einzige, was von den Deutschen erwartet und von ihnen auch geleistet wurde, war eine namhafte Beteiligung an den Kosten des Feldzugs.

Im Lauf der Neunzigerjahre kamen dann aber andere Faktoren ins Spiel, nicht nur Machtfragen, sondern die Frage, ob militärisches Eingreifen in bestimmten Fällen nicht auch humanitär zu rechtfertigen sei. Besonders interessant ist dabei, dass dieser Tabubruch sich schon recht früh ausgerechnet bei den auf ihren Pazifismus so stolzen Grünen angekündigt hatte, und zwar im Zusammenhang mit den blutigen Kriegen im früheren Jugoslawien. Es war der grüne Europaparlamentarier Daniel Cohn-Bendit, der schon im Jahr 1993 massiv eine Militärintervention des Westens, auch unter deutscher Beteiligung, in Bosnien verlangt hatte, um dem vor allem von serbischer Seite betriebenen Völkermord Einhalt zu gebieten. Joschka Fischer schreibt, wie schockiert er damals war: »Deutsche Soldaten in Bosnien, wo Hitlers Wehrmacht und SS gemordet hatten? Sollten wir jetzt unsere eigenen Söhne erneut in einen Krieg gegen Serbien schicken?«

Es dauerte ziemlich lange, bis das, was Daniel Cohn-Bendit verlangt hatte, tatsächlich zur deutschen Staatsräson wurde, und Joschka Fischer, der Skeptiker von einst, gehörte jetzt zu denen, die die neue Haltung gegen einen Aufruhr in der eigenen Partei zu rechtfertigen hatten.

Es war im Sommer 1998, als Serbiens Präsident Slobodan Milošević sich anschickte, in der mehrheitlich von Albanern bewohnten Provinz Kosovo vollendete Tatsachen zu schaffen. Massaker und Vertreibungsaktionen setzten ein, aber diesmal wollte der Westen jenes Zeichen setzen, das er im Falle Bosniens viel zu spät gesetzt hatte. Die NATO arbeitete Pläne für eine Bombenkampagne gegen Serbien aus. Helmut Kohl war schon abgewählt, aber er war mit seinem Kabinett noch im Amt, als der Mobilisierungsplan der NATO auf seinem Tisch landete. Er holte Gerhard Schröder und Joschka Fischer, die kommenden Männer der Regierungsspitze, und auch SPD-Chef Oskar Lafontaine dazu und ließ sie die Entscheidung mittragen. Fischer, Schröder und auch Lafontaine nickten und konnten damit schon ziemlich sicher sein, dass ausgerechnet in ihrer neuen rot-grünen Regierungszeit dieses Tabu fallen würde. Und so kam es dann auch. Von März 1999 an standen deutsche Soldaten erstmals in einem Kampfeinsatz außerhalb ihres Staatsgebiets, sogar außerhalb des NATO-Territoriums. Vier deutsche Tornado-Flugzeuge wirkten an den NATO-Bombardements auf Serbien mit.

Den härtesten Widerstand dagegen bekamen Gerhard Schröder und Joschka Fischer in ihren eigenen Parteien zu spüren. Und das Spüren ist hier durchaus wörtlich zu verstehen, denn Joschka Fischer flog auf dem Sonderparteitag der Grünen in Bielefeld ein Beutel mit roter Farbe an den Kopf, kurz bevor er, in einer Atmosphäre, die er als »Hexenkessel« beschreibt, zur wichtigsten Rede seiner Karriere ansetzte. Er hatte es jetzt zu verantworten, dass die friedensbewegten Grünen es waren, die in der Regierung zugestimmt hatten, die Bundeswehr in den Krieg zu schicken. Joschka Fischer gelang das Kunststück. Halb taub von dem Farbbeutel, der sein Ohr getroffen hatte, mit notdürftig gesäubertem Anzug, umtost von Sprechchören, die ihn als Mörder und Kriegshetzer apostrophierten, bemühte Fischer das größte Trauma der Nachkriegsgeneration, den größten Schatten, der seit dem Zweiten Weltkrieg auf der deutschen Geschichte lag: »Auschwitz ist für mich unvergleichbar. Aber ich stehe auf zwei Grundsätzen: Nie wieder Krieg! Nie wieder Auschwitz, nie wieder Völkermord, nie wieder Faschismus!« Auschwitz hatte immer als Chiffre dafür gegolten, dass Deutschland sich schuldbewusst zurückhalten müsste, wenn es um die Ausübung von Zwangsgewalt geht. Aber Joschka Fischer drehte diese Interpretation total um. Um das nächste Auschwitz zu verhindern, müsse Deutschland jetzt auch zu Gewaltmaßnahmen greifen. Mit einem pragmatischen Beschluss folgte ihm der Parteitag. Die Grünen, stets zerrissen zwischen »Fundis« und »Realos«, hatten realistischer agiert, als ihnen zugetraut worden war. Das spricht einerseits für Joschka Fischer, dem das rhetorische Kunststück von Bielefeld gelang, es spricht aber auch dafür, dass die jungen Grünen Gefallen an der Macht gefunden hatten. Bei einem starren Nein zum Kosovo-Krieg wären sie aus der Regierung geflogen und Gerhard Schröder hätte mit einer Großen Koalition weitergemacht.

Es ist der Geist der Schlüsselstelle aus Joschka Fischers Rede, die Umkehrung der früher aus Auschwitz gezogenen Lehren, die auch heute noch als wichtigste Wegmarkierung für das neue, notfalls auch kriegerische Engagement Deutschlands in der Welt gilt. Das ist nicht meine Interpretation, sondern die des berufensten Experten, der zu meinem Glück in äußerst bequem erreichbarer Nähe – nur dreihundert Meter Luftlinie von meinem Berliner Büro entfernt – zu finden ist: Herfried Münkler, Professor für Theorie der Politik, ein Universalgelehrter in so ziemlich allen Disziplinen deutscher Geistigkeit. Wenn Sie dieses Buch durchgelesen haben und sich noch immer für Deutschland interessieren, dann sollten Sie so schnell wie möglich zu Herfried Münklers exzellentem Band »Die Deutschen und ihre Mythen« greifen.

Professor Münkler amtiert im offenen schwarzen Hemd, ein schwarz-weißes, struppiges Mittelding zwischen Rauschebart und Spitzbart ziert sein Gesicht. Er spricht langsam und leise und jeden seiner Sätze könnte man sofort drucken, auch wenn er sie etwas professorenhaft-geschachtelt baut: »Die Formel ›Nie wieder Krieg‹ ist ja bekanntlich getoppt worden durch ›Nie wieder Auschwitz‹, bezogen auf den Anschauungsunterricht von Srebrenica, sodass zumindest das moralische Engagement in der Bevölkerung, zu verhindern, dass so etwas wie Srebrenica passiert, mobilisiert werden konnte.« Srebrenica, das war das Massaker an der bosnisch-muslimischen Bevölkerung einer ganzen Stadt im Jahr 1995, abgelaufen unter den Augen einer tatenlos zusehenden Weltgemeinschaft. Ein potenzielles neues Auschwitz zu verhindern, indem man ein neues Srebrenica zu verhindern sucht – dies war der Kern von Joschka Fischers Argumentation in Bielefeld und es ist in einem gewissen Sinn auch zur Maxime eines neuen deutschen Engagements geworden, eines Engagements jedoch, das Grenzen hat.

Denn die Argumentation, mit der die USA im Jahr 2002 versuchten, Deutschland zum Eintritt in die Irak-Kriegs-Koalition zu bewegen, machte sich ein ganz ähnliches Muster zunutze: Man müsse Saddam Husseins Regime die Massenvernichtungswaffen entziehen, man müsse sein gewaltsames Vorgehen gegen Gegner seiner Diktatur stoppen. Die Amerikaner stellten moralische Appelle total in den Vordergrund, und damals war es noch nicht so augenfällig, wie löchrig die Kette angeblicher amerikanischer Beweise gegen Saddam Hussein wirklich war.

Aber dies war der Moment, in dem Gerhard Schröder und Joschka Fischer sich weigerten, in eine »Koalition der Willigen« gegen den Irak einzutreten. Schröder setzte viel außenpolitisches Kapital aufs Spiel. Höhnisch lästerte US-Verteidigungsminister Donald Rumsfeld über ein »altes Europa«, bestehend aus Deutschland und Frankreich, während er das neue, treue Europa vor allem in Großbritannien und den amerikatreuen Staaten Osteuropas ortete. Aber Gerhard Schröders Kalkül war in dieser Frage auch sehr stark dem Inland zugewandt. Den kaum noch für möglich gehaltenen Wahlsieg im Herbst 2002 sicherten ihm auch die vielen Stimmen einer skeptischen älteren Generation, die den Zweiten Weltkrieg miterlebt hatte und militärischen Engagements zutiefst abgeneigt war.

Zuvor hatte Schröder jedoch die Bundeswehr schon in ein

weiteres Engagement geführt, in eines, das bis heute andauert und trotz des angeblichen Charakters einer Friedensmission das Leben von mehr als 30 deutschen Soldaten gefordert hat. Es ist der Einsatz in Afghanistan, den Amerikanern auch als Geste der Solidarität und des Beistandes nach den Terroranschlägen vom 11. September 2001 zugesichert.

Legendär sind schon heute die Worte von Deutschlands damaligem Verteidigungsminister Peter Struck: »Unsere Sicherheit wird nicht nur, aber auch am Hindukusch verteidigt, wenn sich dort Bedrohungen für unser Land, wie im Falle international organisierter Terroristen, formieren.« Aber auf Deutschland, vor allem auf seine internationalen Verpflichtungen und die Erwartungen seiner Bündnispartner bezogen, steckt auch noch eine andere Wahrheit hinter diesen Worten, eine, die Gerhard Schröder unverblümt zu Papier gebracht hat: »Heute, Jahre später, wird klar, dass es gut war, diese Entscheidung (für den Kosovo-Kriegseinsatz, P. F.) durchzustehen. Sie und später, im November 2001, die Zustimmung zur ›Operation Enduring Freedom‹ in Afghanistan machten uns frei, zum Irak-Krieg nein zu sagen.« Zwar betreibt Schröder hier so etwas wie nachträgliche Sinnstiftung, denn zu Zeiten des Kosovo-Krieges war vom 11. September, von Afghanistan und dem Irak noch keine Rede, aber der Grundgedanke ist eindeutig. Deutschland wird sich zwar engagieren, doch stets darauf bedacht sein, dass sein Engagement nur so weit geht, dass die NATO-Partner nicht ernsthaft beleidigt sein können. Oder dass – wie vor dem Irak-Krieg – zumindest ein weiterer großer NATO-Partner (damals Frankreich) mit den Deutschen gemeinsam auf Seiten der Beleidiger und nicht der Beleidigten steht.

Der Krieg im Kopf

Egal, von wo Sie kommen – es ist ein ziemlich weiter Weg ins Ederbergland. Irgendwo in Nordhessen, ungefähr auf halbem Weg zwischen Kassel und Gießen, liegt die Gemeinde Frankenberg und in dieser liegt das kleine Dorf Geismar, in einem Hügelland voller blühender Obstbäume. Die sind allerdings auch schon die einzige Attraktion weit und breit. Viel tut sich nicht in Geismar, das war praktisch schon immer so. Und so kommt es, dass dort recht viele Leute leben, die in ihren jungen Jahren hinauswollten aus der trügerischen Idylle des Landlebens.

Frank Dornseif, heute 39 Jahre alt, ist einer von ihnen. Heute kann er viel erzählen über das, was er im Zuge der schon sprichwörtlichen Verteidigung Deutschlands am Hindukusch erlebt hat. Leicht fällt es ihm nicht. Frank Dornseif, ehemals Hauptfeldwebel bei der Deutschen Bundeswehr, ist mit 36 Jahren in den Ruhestand getreten. Wenn er durch sein Haus geht, eine umgebaute alte Scheune, oder mit seinem Hund, einem aufgeweckten Collie, spielt, dann wirkt er wie ein ruhiger, gelassener Mittfünfziger. Sein kurz geschnittenes Haar ist schlohweiß und an beiden Ohren sitzen die Bügel von speziell konstruierten Hörgeräten. Seine Trommelfelle sind gerissen, damals, als ihn in Afghanistan eine Bombe erwischte.

Er hat sich für das Interview mit uns in den Garten gesetzt, unter das Verandadach, denn es regnet in Strömen. Wenn die Sonne scheint, dann sitzt er nicht gerne länger draußen. Denn wenn ihm die Schweißperlen das Gesicht hinunterlaufen, muss er daran denken, dass es Blut sein könnte, wie an jenem Tag im Juni 2003 in Kabul.

Als junger Mann hatte sich Frank Dornseif zur Bundeswehr gemeldet. Sie bot die Chance auf einen sicheren Arbeitsplatz und Möglichkeiten, die Welt jenseits von Geismar und

Frankenberg zu sehen. Und so geriet der ausgebildete Artillerist Frank Dornseif mitten hinein in eine sich rapide wandelnde Bundeswehr, in ein Heer, für das Einsätze im Ausland bis hin zu Kampfeinsätzen immer öfter zur Normalität wurden.

Für ihn fing es relativ gemütlich an. Er kam nach Bosnien, als Teil der internationalen Friedenstruppe. Dort war er für den Nachschub zuständig, war geschickt im Auftreiben von Ersatzteilen und Versorgungsgütern, war auch beseelt von dem Gedanken, er könnte dort etwas Gutes bewirken.

Doch der nächste Einsatzort hieß Afghanistan. »Schon bei der Landung auf dem Flughafen haben wir gemerkt, dass es dort ganz anders zugeht. Ich habe mich 300 Jahre zurückversetzt gefühlt«, berichtet Frank Dornseif. Es war nicht nur die Rückständigkeit des Landes, es war auch Verachtung bis hin zu offenem Hass, die ihm dort viel öfter entgegenschlugen als in Bosnien. »Ich hatte den Eindruck, da sind Leute, die uns hier raushaben wollen, lieber heute als morgen.« Der Eindruck täuschte ihn nicht. Das Camp kam immer wieder unter Beschuss, die Soldaten mussten in die Bunker. Nach vier Monaten war sein Turnus zu Ende und er freute sich auf die Heimkehr. Mit seinen Kameraden stieg er in einen ungepanzerten Bus, für die Fahrt zum Flughafen. Sie lachten, machten Witze und waren froh, bald wieder zu Hause sein zu können. Den Wagen, der sie einholte und neben dem Bus herfuhr, beachteten sie nicht. Er war voll mit Sprengstoff, den ein Selbstmordattentäter in diesem Moment hochgehen ließ. »Von diesem Moment an war nichts mehr in meinem Leben so, wie es früher war«, sagt Frank Dornseif und seine Stimme wird leiser und brüchiger. Er war in Lebensgefahr, er war verwundet durch Hunderte Splitter in seinem Körper. Die Reste der Sonnenbrille musste man ihm aus der Gesichtshaut schneiden. All das ließ sich später in deutschen Krankenhäusern durch langwierige Behandlungen in den Griff bekommen. Aber da war noch etwas. Etwas, das seither in seiner Seele sitzt und dazu führt, dass der Krieg in seinem Kopf nicht mehr aufhört. »Ich träume oft, dass ich angegriffen werde, dass ich schießen muss, dass meine Waffe nicht mehr funktioniert, es lässt mich nicht mehr los«, sagt er. »Wahrscheinlich habe ich mir den Krieg mit nach Hause gebracht.«

Die medizinischen Experten nicken verständnisvoll, wenn sie Schilderungen wie diese hören. Sie haben einen Namen für das, was Frank Dornseif plagt: Posttraumatische Belastungsstörung. Sie haben auch Therapien dafür. Aber die wirken nicht bei jedem. Es war eine Ärztin im Militärkrankenhaus, die sagte: »Herr Dornseif, Sie werden nie wieder Ihren Dienst versehen können.«

Er hat gegen Vorurteile kämpfen müssen, er hat immer wieder um ein paar Ecken herum gehört, dass er es ohnehin ganz gut habe als einer, der mit 36 in den Ruhestand ging und jetzt in ländlicher Beschaulichkeit leben kann. Er weiß es besser, denkt an die schlaflosen Nächte, an die Schweißausbrüche, an die Panikattacken und an das, was sich von seiner Belastung auf die Angehörigen überträgt. »Meine Frau sagt: Der Frank, den sie nach Afghanistan gehen hat lassen, der ist nie mehr zurückgekehrt«, meint Frank Dornseif und wieder nimmt er seine Stimme auf charakteristische Weise zurück.

Die Zahl der Bundeswehrsoldaten, die nach haarsträubenden Erlebnissen psychische Störungen melden, ist stark gestiegen. Knapp mehr als 200 waren es im Jahr 2006, mehr als doppelt so viele im Jahr 2008. Die Ärzte hoffen, dass nicht die Zahl der Erkrankungen an sich gestiegen ist, sondern jetzt die Bereitschaft größer ist, psychischen Verwundungen einzugestehen – etwas, was gerade in der durch Stärke und Disziplin geprägten Kultur des Militärs nicht selbstverständlich ist.

Zu Hause in Geismar blickt uns Frank Dornseif nachdenklich an und dann formuliert er seinen Wunsch an die Politiker, jenseits aller psychischen Probleme, die ihn plagen: »Sagt den Leuten, die dort hingehen, dass das ein Krieg ist. Sagt nicht, dass es ein Stabilisierungseinsatz ist und wie das alles sonst noch heißt.« Noch zögern Deutschlands Politiker. Der Verteidigungsminister spricht zwar schon von »Gefallenen«, wenn deutsche Soldaten in Afghanistan umkommen. Aber das Wort »Krieg« bringt er höchst ungern über die Lippen. Es liegt immer noch ein sprachliches Tabu über diesem Wort und wahrscheinlich verbindet sich mit diesem Tabu auch ein politisch-rationales Kalkül. Denn einen Stabilisierungseinsatz kann man nicht verlieren, einen Krieg hingegen schon.

KAMPF DER KRISE

Beschränkte Haftung

Ihre Mienen ließen keinen Zweifel am Ernst der Situation aufkommen. Es war ein Sonntag im Oktober und Kanzlerin Angela Merkel trat gemeinsam mit Finanzminister Peer Steinbrück vor die Kameras. Beides war höchst außergewöhnlich. Aktuelle Politikerstatements am Sonntag sind in Deutschland selten, und dann auch noch in trauter Einigkeit der beiden Koalitionspartner. Aber die beiden wussten, dass dieser Auftritt zu den wichtigsten ihrer Amtszeit gehörte. Ihre Nervosität war deutlich spürbar. Die Finanzkrise, zuvor eher als kurioses Phänomen wahrgenommen, das in erster Linie den Amerikanern auf den Kopf zu fallen drohte, hatte Deutschlands Türen endgültig eingerannt. Merkel und Steinbrück hatten zuvor stundenlang über die Rettung des Immobilienfinanzierers Hypo Real Estate verhandelt, eines der ersten Institute, die in Deutschland akut vom Ruin bedroht waren. Die Gefahr, dass die Deutschen angesichts laufend neuer Schreckensmeldungen nun anfangen würden, ihre Konten abzuräumen und die Banken damit in den Untergang zu schicken, stand plötzlich real im Raum. Würden die Geldautomaten irgendwann aufhören, neue Scheine auszuspucken? Alles schien möglich, vor allem auch, weil die Banken keinerlei Vertrauen mehr zueinander hatten, ein kompletter Systemzusammenbruch war nicht ausgeschlossen.

Wie realistisch dieses Szenario tatsächlich schon war, enthüllte erst viele Monate später die »Frankfurter Allgemeine Sonntagszeitung«. Es hatte tatsächlich einen Hunger nach Bargeld gegeben, der bedrohliche Ausmaße annahm. Vor allem die Nachfrage nach 500-Euro-Scheinen stieg plötzlich enorm an, ein sicheres Zeichen dafür, dass Menschen tatsächlich begonnen hatten, Bargelddepots einzurichten.

Es war diese Ausgangslage, in der Angela Merkel langsam und wohlgesetzt den Satz »Wir sagen den Sparerinnen und Sparern, dass ihre Einlagen sicher sind« in die Mikrofone sprach, sekundiert vom Finanzminister, der fortsetzte: »Ich möchte unterstreichen, dass (...) wir dafür Sorge tragen wollen, dass die Sparerinnen und Sparer in Deutschland nicht befürchten müssen, einen Euro ihrer Einlagen zu verlieren.«

Anfangs lösten auch diese knappen und recht eindeutigen Statements Verwirrung aus. Denn eine Einlagensicherung hatte es ja auch bisher schon gegeben. Bis zur Höhe von 20.000 Euro waren alle Spareinlagen sicher und darüber hinaus eigentlich auch – durch eine Art Gemeinschaftskasse der Banken. Aber bald wurde klar: Die Regierung garantierte tatsächlich, dass kein Sparer auch nur einen Cent seines Ersparten verlieren würde. Auf die gemeinsame Einlagensicherung der Banken war kein rechter Verlass mehr, schon Tage zuvor hatte der Finanzminister gemeint, die sei »wahrscheinlich mehr als höchst angespannt«.

Kurzfristig hatte der dramatische Sonntagsauftritt den gewünschten Erfolg. Am Montag gab es keine Schlangen vor den Geldinstituten. Aber für eine Entwarnung war es noch zu früh. Die Geldautomaten mussten weiterhin verstärkt beliefert werden, denn für manche hatte der ernste Ton von Angela Merkels Statement die Sorgen um das Geld noch beflügelt. Aber das System stieß nicht an die äußersten Grenzen seiner Belastbarkeit. Insofern hatte die Garantieerklärung den gewünschten Effekt.

Längerfristig kann die Merkel-Steinbrück'sche Beruhigungsmaßnahme aber auch als Beginn einer Entwicklung verstanden werden, in der der Staat sich zu einer neuen Rolle aufgeschwungen hat, als eine Art Generalversicherer für Risiken der unterschiedlichsten Art, als eine Krisenkasse für Banken, Industriefirmen und Privatleute, die unerschöpflich groß zu sein scheint. In Wirklichkeit fungiert der Staat nur noch als Instanz zur Verteilung riesiger Lasten an kommende Generationen.

Kurz zuvor hatte die US-Regierung die Investmentbank Lehman Brothers in die Pleite geschickt, als eine Art Mahnung, dass sie im Prinzip noch immer an die heilsame Wirkung der Marktkräfte zu glauben bereit war. Aber das weltweite Beben, das dieser Schritt auslöste, führte rasch zu der Einsicht, dass es auch in den USA nicht mehr anders ging. Der Staat musste beim nächsten großen Pleitekandidaten, dem Versicherer AIG, mit Milliardenbeträgen eingreifen, denn dort drohte ein Zusammenbruch, der die Folgen der Lehman-Pleite locker in den Schatten gestellt hätte. Finanzminister Peer leicht neigt manchmal dazu, sich mit lockeren Sprüchen über ernste Situationen zu äußern. Aber über die Lage nach Lehman und vor AIG sagte er nur knapp: »Da haben wir alle in einen Abgrund geblickt.«

Nun war es ja nicht so, als wären alle ganz plötzlich und unvermittelt an den Rand dieses Abgrunds herangetreten. Dass etwas faul war im System, dass die Finanzbranche in einer schweren Krise steckte, hatte sich bereits seit dem Frühjahr des Jahres 2007 in den USA abgezeichnet. Schon im August 2007 hatte die amerikanische Notenbank vor einer drohenden Kreditklemme gewarnt – eine Warnung, die etwas ironisch anmutet, denn genau dieses Institut hatte jahrelang die Kreditschwemme beflügelt, die jetzt das System in den Zusammenbruch führte. Dass es abwärts ging, wusste man auch in Deutschland. Aber wie tief Deutschlands Geldsystem mittlerweile schon mit dem System der Kreditströme für die USA verflochten war, darüber scheinen selbst die Höchstverantwortlichen nur zum Teil Bescheid gewusst zu haben.

Es ist schon oft beschrieben worden, wie die amerikanische Kreditblase aufgepumpt wurde, wie in den USA Menschen mit großzügigen Krediten für Immobilienkäufe versorgt wurden, ohne große Rücksicht auf die Frage, ob sie das geliehene Geld jemals wieder zurückzahlen könnten. Denn die Banken und ihre Kreditvermittler verdienten gute Provisionen. Das Kreditrisiko jedoch reichten sie weiter, in Form von gebündelten und verbrieften Schuldverschreibungen, die dann mehrfach neuerlich verbrieft und nochmals weitergereicht wurden, immer mit dem Segen der sogenannten Rating-Agenturen. Die wären eigentlich für eine faire Einschätzung des Risikos zuständig gewesen, aber bezahlt wurden sie von denen, die die als »strukturierte Produkte« bekannten Verbriefungen auf den Markt warfen.

Nun hatte es deutsche Institute gegeben, die den amerikanischen Verbriefungs-Zaubereien mit besonderer Begeisterung auf den Leim gingen. Denn die Geschäftsaussichten waren tatsächlich blendend, aber nur so lange, wie der Ballon immer größer wurde, so lange, wie die Immobilienpreise in den USA stetig stiegen und die Leute sich der Illusion hingeben konnten, sie könnten ihre Kreditraten allein aus dem Wertzuwachs ihrer Immobilien für die Zukunft abdecken.

Es waren staats- und landeseigene Institute, die sich in besonderem Ausmaß in dieses System integrierten, etwa die Landesbank von Sachsen oder die IKB, ein staatliches Finanzierungsinstitut, das aus der amerikanischen Marshallplanhilfe nach dem Zweiten Weltkrieg hervorgegangen war. Die Modelle, auf die sie setzten, waren ähnlich: In Deutschland blieben sie bei ihren üblichen Geschäften, daneben aber gründeten sie Zweckgesellschaften im Ausland, im locker regulierten und steuerlich günstigen Irland oder auf Inseln im Ärmelkanal, Gesellschaften, die nur dem Zweck dienten, das ganz große Rad zu drehen. Sie besorgten sich Geld, das sie kurzfristig vermehren mussten, aber mit niedrigen Zinsen, und steckten dieses

Geld dorthin, wo sie dann längerfristig viel mehr an Zinsen zu lukrieren erhofften: vorzugsweise in die amerikanischen Papiere, die die Verbriefung einer Verbriefung einer Forderung beinhalteten. Alles lief ganz ausgezeichnet, bis die Forderungen schlagend zu werden begannen, weil die Immobilienblase platzte.

Das ganze bunte Treiben im Hintergrund hatte Klaus Dollerschell aus Berlin nie besonders interessiert. Er war Techniker bei Siemens, ist seit einigen Jahren in Pension und die Ersparnisse aus dreißig Berufsjahren, die hatte er auf einem Sparbuch liegen, bis ein Bankberater ihn darauf hinwies, es gebe viel bessere Anlagemöglichkeiten als das fade und niedrig verzinste herkömmliche Sparen. Herr Dollerschell ist es gewohnt, die Dinge sorgfältig zu prüfen, das hat er in seinen Berufsjahren gelernt. Und außerdem ist es seit einigen Jahren Pflicht, dass die Banken ein Profil erstellen müssen, das die Anleger in Risikoklassen einordnet. Bei seinem Besuch in unserem Berliner ORF-Studio zeigt mir Herr Dollerschell die fein säuberlich abgehefteten Kopien. Er hat angekreuzt, dass ihm die Sicherheit bei der Geldanlage besonders wichtig ist und dass er finanzielles Risiko verabscheut. Ein paar Seiten weiter findet sich dann ein Passus, in dem sinngemäß erklärt wird, dass Herr Dollerschell all das, was er auf den vorhergehenden Seiten erklärt hat, für das aktuell gewählte Anlageprodukt außer Acht lässt und ausdrücklich anerkennt, dass in diesem Fall das Risiko größer ist. Wie ihn der Bankberater dazu bewegen konnte, auch unter diesen Passus seine Unterschrift zu setzen, das weiß er heute nicht mehr. Geschickt sei er jedenfalls vorgegangen, das ist sicher. Und die Anlageform, die sich Klaus Dollerschell einreden ließ? Zertifikate von Lehman Brothers, aktueller Marktwert null Dollar null Cent.

Er ist kein besonders temperamentvoller Mann, eher ruhig

und bedächtig. Aber als ich ihn frage, was für einen Eindruck er jetzt von der Finanzwelt hat, da bricht es geradezu aus ihm hervor: »Die Verbrecher sitzen jetzt nicht mehr vor der Bank und wollen rein, die sitzen drin!«

Verbrecher und Gauner allerorten? Ich gehe zu einem mit der Sachlage bestens vertrauten Mann, der als besonders kritisch gilt: Harald Schumann arbeitet für den »Tagesspiegel« in Berlin, in einem Büro, das weder repräsentativ noch komfortabel ist. Mitten durch seinen ohnehin schon winzigen Arbeitsraum geht eine wuchtige, viereckige Säule, in der sich wahrscheinlich Lüftungsrohre verbergen. Mein Kameramann hat Mühe, überhaupt einen Winkel zu finden, aus dem er ihn aufnehmen kann, ohne dass die Säule den Blick verstellt. Dazu kommen Berge von Papier, die Harald Schumanns Arbeitsplatz überwuchern. Schumann kommt aus der Ecke der Globalisierungskritiker, er hat mit Hans-Peter Martin zusammen das Buch »Die Globalisierungsfalle« geschrieben, als Fortsetzung hat er in den Anfangstagen der Finanzkrise das Buch »Der globale Countdown« nachgereicht. War das alles eine einzige Gaunerei, der Versuch, gutgläubige Anleger und zuletzt auch den Staat hinters Licht zu führen? Harald Schumann antwortet betont vorsichtig, er sehe keine kollektive Verschwörung am Werk, eher eine kollektive Verblendung: »Ich glaube, dass die meisten nicht dachten, dass sie etwas Unrechtes tun, sozusagen nur aus purer Gier, sondern sie haben es getan, weil alle anderen es auch machten. Das hat dazu geführt, dass am Ende das ganze System einem Betrug glich, aber viele der Beteiligten gar nicht wussten, dass sie betrügerisch handelten.«

Aber so richtig in Fahrt kommt Harald Schumann, als ich ihn frage, worin denn in der gegenwärtigen Situation das besondere Risiko bestehe, ob es wirklich nötig sei, dass Politiker alles garantieren, was an Spareinlagen vorhanden ist, egal in welcher Höhe. Die Augen unter dem hohen Ansatz seiner schütteren roten Haarpracht beginnen zu leuchten:

»Das Besondere an unserem ganzen Geldsystem ist, es beruht nur darauf, dass alle daran glauben. Verstehen Sie? Sonst gibt es kein Geld. Warum arbeiten wir für bunte Papierstreifen? Wir tun es deshalb, weil alle anderen es auch tun. Und wenn die Menschen anfangen, den Glauben an die Sicherheit des Geldes zu verlieren, dann bricht das gesamte Wirtschaftssystem zusammen, das kann innerhalb eines oder zweier Tage passieren.«

Nun ja, das Wort Kredit kommt ja auch vom lateinischen Wort für »glauben« (credere). Aber dass alles, was uns an geldlicher Realität umgibt, einzig und allein auf dem reinen Glauben daran beruht, das hat mir noch niemand so klar und deutlich vermitteln können wie Kollege Schumann in seinem kleinen Denkerstübchen im »Tagesspiegel«.

Aber wir sollen ja auf Ausgewogenheit bedacht sein in unserem Beruf und so bin ich wenig später gespannt zu einer Buchvorstellung von Hans-Werner Sinn gepilgert. Professor Sinn ist Chef des ifo-Instituts in München, ein Wirtschaftswissenschaftler, der stets mit marktliberalen Positionen geglänzt hat, eigentlich in jeder Hinsicht ein Widerpart zum Globalisierungskritiker Schumann.

Aber als Hans-Werner Sinn mit seinen Ausführungen beginnt, muss ich mir verwundert die Augen reiben. Über weite Strecken redet der Professor so, als säße ein Vertreter linker Kapitalismuskritik vor mir auf dem Podium. »Die Gewinne werden privatisiert, die Verluste werden sozialisiert!« Das stellt Hans-Werner Sinn gleich zu Beginn in den Raum, wenn er von Geschäften erfindungsreicher Banken spricht. Als Professor holt er gerne länger aus und da hat er durchaus Verständnis für die Art und Weise, in der sich gewisse Mechanismen entwickelt haben. Im Kern ist immer die Haftungsbeschränkung der kritische Punkt, so belehrt er uns. Schon die waghalsigen Seefahrten der venezianischen Kaufleute wurden nach dem Prinzip organisiert, dass jeder, der sich mit einer gewissen Summe beteiligte, nur mit dieser Summe haften musste, auch wenn sich das Unternehmen als katastrophaler Fehlschlag entpuppte. Später ist dieses Prinzip in Form der »Gesellschaft mit beschränkter Haftung« zum weltweiten Erfolgsmodell geworden.

Aber den amerikanischen Banken und Investmenthäusern ist es in den letzten Jahren gelungen, die Minderung des Risikos bei maximaler Steigerung des eigenen Gewinns auf die Spitze zu treiben, durch Verbriefen und Weiterreichen des Risikos und auch dadurch, dass die meisten Geschäfte mit fremdem Geld gemacht wurden, mit unheimlich viel davon. Nur 3,2 Prozent des Geldes, das das Investmenthaus Morgan Stanley im Jahr 2006 um die Welt schaufelte, waren im Eigentum des Instituts. Gab es mehr Geld im Haus, dann wurde es sofort ausgezahlt, als Bonus an die Finanzjongleure, die auf diese Tour virtuelles zu echtem Geld machen konnten, während das Risiko nicht in der Sphäre des Virtuellen verharrte. Das trugen bereitwillig andere, unter ihnen auch viele deutsche Banken und Kleinanleger wie Klaus Dollerschell. Solange die Erträge stimmten, hatten alle etwas vom großen Spiel. Aber als die Kartenhäuser der Hochfinanz zusammenkrachten, da hatten die Stars der Investmentwelt von einst immer noch ihre Bonuszahlungen aus besseren Jahren auf der Seite. Herr Dollerschell hingegen hatte nichts, und ob er wenigstens einen Teil des Geldes jemals wieder sehen wird, ist offen. Wenn er nachweisen kann, dass seine Bank ihn falsch beraten hat, dann hat er – rechtlich gesehen – eine Chance. Der Nachweis wird schwerfallen, denn die Banken haben gute Juristen, und sie haben das Papier in den Händen, auf dem Klaus Dollerschell auf Seite fünf das Gegenteil dessen bestätigt, was er vier Seiten vorher bekräftigt hat.

Autoland

Nun war eine Illusion bald zerstört, nämlich jene, dass die Finanzturbulenzen Deutschland nicht so hart treffen würden. Viel stärker als gedacht hatte sich Deutschland in den kollektiven Rausch des billigen Geldes hineingestürzt. Wie viele andere Länder laborierte es jetzt an den Konsequenzen. Noch war aber eine zweite Illusion weit verbreitet, nämlich dass Deutschlands »Realwirtschaft« so gut aufgestellt sei, dass sich eine Krise dieser Dimension im Großen und Ganzen meistern ließe. Deutschland hatte sich jahrelang seiner Stellung als weltweiter Exporteur Nummer eins gerühmt. Es war aber gerade diese Exportorientierung, die sich jetzt als verwundbarste Flanke der deutschen Wirtschaft entpuppte. Denn das Stocken der Kreditflüsse setzte praktisch weltweit ein, und damit gab es die nie zuvor in diesem Ausmaß erlebte Situation, dass die Absatzmärkte weltweit praktisch zeitgleich wegzubrechen begannen.

Die ersten Alarmmeldungen kamen aus der Autoindustrie. Wer an Deutschland denkt, der denkt auch an Autos, das hat man jahrzehntelang sehr gerne gehört in diesem Land. Es entschädigte auch für vieles. Wie oft hatten sich die Deutschen vorhalten lassen, wertvolle Erfindungen wie (in den Siebzigerjahren) das Faxgerät seien in Deutschland gemacht, aber anderswo groß vermarktet worden, auch den Boom der Internet-Technologien hätte Deutschland nur unzureichend genützt. Umso wohler tat es der deutschen Seele, wenigstens auf diesem Gebiet noch weltweit als beispielgebend dazustehen, wenn auch mit Modellen, die eher nicht durch Sparsamkeit glänzten.

Aber jetzt waren die stolzen Autofirmen in Bedrängnis und am härtesten erwischte es eine, die die stolzesten Jahre ohnehin schon hinter sich hatte. Opel hatte früher ganz vorne mitgemischt, hatte Modelle im Angebot, von denen die Deutschen träumten. Aber das ist lange her und der Spruch »Jeder Popel fährt ’nen Opel« weist darauf hin, wie ramponiert das Image der Autobauer aus Rüsselsheim schon vor der Krise war.

Ich habe einen kalten Wintertag in Rüsselsheim verbracht, damals, als die Opel-Krise auch ein heißes Thema im hessischen Landtagswahlkampf war. Nun bringt man ja als Reporter immer auch gewisse Vorinformationen an den Ort des Geschehens mit, die sich dann zuweilen als Vorurteile entpuppen. Rüsselsheim, eine Stadt, die von Opel lebt, die mit Opel steht und fällt, die untergehen muss, wenn es Opel nicht mehr gibt – so lautete eine meiner Annäherungen. Die hat mir der Rüsselsheimer Oberbürgermeister Stefan Gieltowski gleich einmal durchkreuzt. »Die Vorstellung, Rüsselsheim ist gleich Opel, die stimmt nicht mehr und der treten wir auch entgegen«, sagt er sanft. Man muss nur einen Blick in sein Rathaus werfen, um zu sehen, dass das vielleicht einmal gestimmt hat, als Opel in Rüsselsheim größer und mächtiger war. Der Trakt des Rathauses, in dem der Oberbürgermeister seinen Sitz hat, ist mit dunkelbraunem Nussbaumfurnier vertäfelt – voll und ganz dem Geschmacksideal der Siebzigerjahre verhaftet. Damals hatte die Gemeinde viel Geld für eine Einrichtung auf der Höhe des damaligen Zeitgeistes. Und jetzt? Stefan Gieltowski lächelt, denn er hat sein Büro in Hellgrau ausstaffieren lassen, die Einrichtung gemahnt jetzt an seine Haarfarbe. Aber die restlichen Räume müssen im schweren, dunklen Braun erhalten bleiben, der Denkmalschutz will es und leisten kann man sich auch nichts anderes mehr.

In den Siebzigerjahren haben 40.000 Leute bei Opel in Rüsselsheim gearbeitet, heute ist es weit weniger als die Hälfte. Und die, die hier noch arbeiten, entsprechen in der Mehrzahl nicht mehr dem Klischee der Sozialromantiker von den werktätigen Massen. Die harte Arbeit am Fließband, die macht jetzt meist der Roboter. Viele derer, die sich immer noch stolz als »Opelaner« bezeichnen, sind keine klassischen Arbeiter mehr, sondern gut ausgebildete Techniker, die die Roboter und Computeranlagen in Schuss halten oder in der Entwicklung der neuen Modelle tätig sind.

Es gibt noch den kleinen Kiosk beim Werkstor 60, zu dem früher beim Schichtwechsel die Arbeiter strömten, um den Feierabend mit Bier zu feiern. Nur noch ein Handvoll Leute kehrt dort ein, die meisten streben gemessenen Schrittes dem Werksparkplatz zu, heim in die familiäre Doppelhaushälfte. Die Arbeiterromantik ist zum Bürgeridyll mutiert. Kaum jemand will noch stehen bleiben, wenn Reporter wie ich ihre Fragen stellen. Was soll man auch sagen, wenn das Idyll in akuter Gefahr ist.

Dabei ist Rüsselsheim nicht der schlimmste denkbare Ort für eine Firmenpleite. Wer hier seinen Arbeitsplatz verliert, der kann immer noch hoffen, denn das Rhein-Main-Gebiet rund um Frankfurt, in dem Rüsselsheim liegt, ist eine der wirtschaftlich aktivsten Regionen Europas. Schon jetzt arbeiten Rüsselsheimer in Scharen am nahe gelegenen Rhein-Main-Flughafen, auch Chemie- und Pharmaindustrie sind in der Umgebung stark vertreten.

Viel schlimmer sieht es etwa in Bochum im Ruhrgebiet aus, wo Opel auch ein Werk hat. Dort steht kein Flughafen bereit, um Ersatzarbeitsplätze zu bieten, dort sind Alternativen generell recht dünn gesät. Verständlich, dass sich gerade der dortige Ministerpräsident, Jürgen Rüttgers von der CDU, so sehr ins Zeug wirft, um dieses Werk zu erhalten. Fraglich ist allerdings, ob er der gesamten Sache damit einen guten Dienst erweist. Denn jeder, der Opel übernimmt (und das ist derzeit mit größter Wahrscheinlichkeit der österreichisch-kanadische

Magna-Konzern), muss Rücksicht auf die Ministerpräsidenten der vier Bundesländer nehmen, in denen Opel-Werke stehen. Nur dann sind auch sie bereit, die riesigen Bürgschafts- und Subventionspakete mitzuschnüren, die Opel jetzt retten und vom US-Mutterkonzern General Motors unabhängig machen sollen. Aber ein Unternehmen, das sich verpflichten muss, vier politischen Herren in den Ländern und einer Vielzahl anderer im Bund zu Diensten zu sein, das lädt sich gleich zu Beginn einen Rucksack an ziemlich drückenden Verpflichtungen auf. Als die öffentliche Rettung für Opel auf Steuerzahlers Kosten besiegelt wurde, hatte die »taz«, die linke Tageszeitung, die griffigste Schlagzeile zum Beschluss parat: »Jeder Popel rettet Opel.«

Ratlos aus der Krise

Es wird der Bundeskanzlerin zuweilen als Schwäche ausgelegt, gehört aber gerade in Zeiten wie diesen eher zu ihren Stärken: die Gabe, sogar die eigene Ratlosigkeit als kühles Abwägen, als reaktionsschnelles Verhalten in schwierigen Zeiten auszulegen. Niemand anderer beherrscht so wie sie die Kunst, oft in kurzer zeitlicher Abfolge die Positionen zu wechseln, mit wenigen Monaten Abstand das Gegenteil dessen zu vertreten, was zuvor gegolten hatte, und es dann noch dazu genauso authentisch wirken zu lassen wie vor dem großen Sinneswandel.

Im Jänner saß sie im ZDF-Studio und sagte in grammatikalisch zweifelhaftem, aber prägnantem Deutsch: »Ich habe das überhaupt nicht kehrtgewendet.« Was war geschehen? Auf dem Parteitag »ihrer« CDU, Anfang Dezember in Stuttgart, hatte Merkel die Tugenden der »schwäbischen Hausfrau« gepriesen, in einem Satz, der in den Worten gipfelte: »Niemand kann auf Dauer über seine Verhältnisse leben.« So klar, so praktisch-vernünftig klang das, dass niemand an das bald folgende »Kehrtwenden« dachte. Aber es geschah schon wenige Wochen danach. Die Bundesregierung beschloss das größte Konjunkturprogramm der deutschen Geschichte, in einem Umfang von gigantischen 50 Milliarden Euro. Wo war die Tugend der schwäbischen Hausfrau geblieben?

Es wäre nicht Angela Merkel, hätte sie nicht in ihre Parteitagsrede schon entsprechende Vorsichtsklauseln eingebaut: »Deutschland wird sich alle Optionen offenhalten, um die Folgen der weltweiten Krise weiter wirkungsvoll zu bekämpfen, ich sage ausdrücklich: alle Optionen.« Auch das hatte sie schon im Dezember verkündet und nun wurde die teuerste aller Optionen in die Schlacht geworfen.

Hat das abgestrittene, aber doch unbestreitbar vollzogene

»Kehrtwenden« Angela Merkel geschadet? Keineswegs. Denn sie hatte in ihrer Rede auch bereitwillig offenbart, auf welch schwankendem Grund Politiker in Krisenzeiten wie diesen unterwegs sind, in denen Experten alle möglichen Ratschläge bereithalten, aber der wirklich verlässliche Kompass fehlt. »Die Politik ist vor Herausforderungen gestellt, die so noch nicht da waren. Niemand auf der Welt, und ich sage niemand, kann auf wirklich vergleichbare Erfahrungswerte zurückgreifen.« Wieder ein typischer Offenbarungseid im Stil von Angela Merkel. Das Bekenntnis der eigenen Ratlosigkeit, das aber zugleich die Lizenz bedeutet für das Fahren auf Sicht, für das laufende Anpassen aller Schritte an die aktuelle Lage, auch um den Preis, dass Grundsätze, wie sie ihre Partei in Sonntagsreden gerne hochhält, nicht mehr viel zählen.

Auch der gerne vertretene Grundsatz, die Politik solle sich mit Subventionsleistungen an die Wirtschaft zurückhalten, weil sie den Wettbewerb verzerren, war bald über Bord geworfen. In das riesige Konjunkturpaket wurde, zur Freude der Not leidenden Autokonzerne, die Abwrackprämie integriert: 2500 Euro für jeden, der ein mindestens neun Jahre altes Auto zur Verschrottung bringt. Man hat der Maßnahme das Mäntelchen einer »Umweltprämie« umgehängt, aber damit ist es nicht sehr weit her. Im Ausstoß von Schadstoffen sind neue Autos (leider) nicht wesentlich besser unterwegs als ihre neun Jahre alten Artgenossen. Und dazu kommt, wie Professor Hans-Werner Sinn aus München anmerkt, dass bei der Produktion eines neuen Autos auch eine große Menge an Rohstoffen und Energie eingesetzt wird, und das wiederum beflügelt den Ausstoß des Treibhausgases CO_2. Wer die »Umweltprämie« kassiert, seinen neun Jahre alten Golf gegen einen nagelneuen eintauscht, der sorgt in Wirklichkeit dafür, dass der CO_2-Ausstoß steigt, wenn man den Herstellungsaufwand für den »Neuen« miteinberechnet.

Im autoverliebten Deutschland war die Prämie trotzdem ein voller Erfolg, musste aufgestockt, in ihrer Dauer verlängert werden, weil die Autofahrer ihre Karren scharenweise in Richtung Schrottpresse steuerten. In vielen Fällen wären die alten Autos noch viel mehr wert gewesen als die 2500 Euro vom Staat, aber da war auch viel Massenpsychologie am Werk: Es gibt etwas geschenkt, und zwar befristet, man muss schnell zugreifen und rechnet daher nicht lange herum. Ökologisch ist die Abwrackprämie ein Unfug, rein wirtschaftlich betrachtet auch. Denn früher wurden die neun Jahre alten Autos mit viel Gewinn nach Afrika verkauft, jetzt legt der Staat Geld drauf, um ihren immer noch vorhandenen Wert zu vernichten. Aber politisch ist die Prämie ein Schlager, für Autokäufer, Autohersteller und vor allem für die Händler, die aber vermutlich im nächsten Jahr umso trauriger dreinschauen werden, wenn die Abwrackprämie ausgelaufen sein wird und die Käufer rar geworden sind.

Noch schwieriger wird das Terrain, wenn es um direkte staatliche Hilfeleistungen an die Wirtschaft geht. Es ging dem Finanzminister erkennbar gegen den Strich, dass er die Banken mit sehr viel Steuergeld und um den Preis einer Verschuldung in 1000-Milliarden-Höhe herauspauken musste. Aber hier war das Risiko eines völligen Systemzusammenbruchs zu groß. Keiner wollte riskieren, dass der Kreislauf des Geldes schlagartig versiegt. Aber die aufwendige Rettungsaktion für den Autobauer Opel, die war eigentlich eine Aktion wider die reine wirtschaftliche Vernunft. Es gibt viel zu viele Kapazitäten im weltweiten Autobau. Wäre Opel mit seinem Mutterkonzern General Motors zusammen untergegangen, dann wäre keinerlei Systemzusammenbruch die Folge gewesen. Nur einer wagte, das offen auszusprechen: der neue Wirtschaftminister Karl-Theodor zu Guttenberg von der CSU, der Opel den Gang in die Insolvenz nahelegte. Aber schon in der eigenen Fraktion ging er damit unter, denn drei der vier Bundesländer, in denen Opel-Werke stehen, werden von CDU-Ministerpräsidenten regiert und die warfen sich mit aller Kraft für Opel ins Zeug.

Apropos Ministerpräsidenten: Der bayerische Ministerpräsident Horst Seehofer hatte die harte Haltung seines Parteifreundes zu Guttenberg im Fall Opel noch ausdrücklich gelobt, aber wenige Wochen später war Seehofer ausschlaggebend für eine Entscheidung, die ebenfalls nur mit Standortpolitik, aber nicht mehr mit wirtschaftlichem Kalkül zu erklären ist. Da übernahm der bayerische Staat die Initiative für eine Rettungsaktion der besonderen Art: Mit dem Handelskonzern Arcandor zusammen war auch der traditionsreiche Quelle-Versand in die Insolvenz geschlittert. Quelle hatte seinen Winterkatalog fix und fertig zusammengestellt, aber die Druckmaschinen standen still. Denn der Druck kostet 20 bis 25 Millionen Euro und die Druckfirmen wollten das Geld diesmal vor dem Anwerfen ihrer Maschinen sehen. Mehr als 20 Millionen Euro für einen Katalog? Ja, denn er ist zwei Kilo schwer und wird neun Millionen Mal aufgelegt. Nun könnte man ja im Internet-Zeitalter darüber debattieren, ob es wirklich noch zeitgemäß ist, den Leuten zwei Kilo Papier ins Haus zu schicken, in der Hoffnung, sie würden sich dann mit eifrigen Bestellungen dafür revanchieren. Aber dafür nahm sich der Freistaat Bayern keine Zeit. Quelle hat seinen wichtigsten Standort auf bayerischem Boden, in Fürth bei Nürnberg, und diesmal sorgte Seehofer dafür, dass die öffentlichen Kassen Quelle unter die Arme griffen, mit dem wahrscheinlich höchsten Druckkostenzuschuss aller Zeiten. Die bei Opel noch so eifrig hochgehaltenen Prinzipien hatte man schon wieder zur Seite gelegt, wenn es um das eigene Territorium und die Arbeitsplätze der »eigenen« Leute ging. »All politics is local«, hat der legendäre US-Politiker Tip

O'Neill einmal gesagt. In der Politik geht es also immer um die Kundschaft zu Hause. Das hört man gerne, wenn es die eigene Kundschaft ist, das ignoriert man gerne, wenn es »die anderen« zu treffen droht.

REIGEN DER RATLOSEN

Die Chefin

Am Alexanderplatz in Berlin ist die DDR-Vergangenheit zum Teil noch recht lebendig. Fast jeder Blick geht dort automatisch hinüber zur höchsten Stelle der Stadt, zum Fernsehturm. Die »Hauptstadt der DDR« wollte damit Selbstbehauptungswillen beweisen und lieferte dann mit dem stolzen Symbol doch auch eine heimlich bekicherte Blamage mit. Bei Sonnenschein spiegelt sich nämlich in den Aluminiumplatten der großen Kugel auf dem Turm die Sonne als leuchtendes Kreuz wider. Man nannte das hinter vorgehaltener Hand die »Rache des Papstes« an der atheistischen DDR.

Und jetzt steht eine, die in genau dieser DDR als Pfarrerstochter aufgewachsen ist, nur eine Straßenecke davon entfernt, in einem alten DDR-Kongresszentrum und feiert ihren Wahlkampfstart. Angela Merkel ist der unumschränkte Star dieses Tages und den Vorredner gibt einer, der ihr immer wieder auch einiges aufzulösen gegeben hat. Horst Seehofer, Chef der CSU, der bayerischen Schwesterpartei von Angela Merkels CDU, gibt freimütig zu, dass ihm an diesem Tag die Rolle des »Messdieners« zukommt. Und dann lässt er sehr schnell den Schlüsselsatz fallen: »Wir brauchen keinen Kandidaten, wir haben eine Kanzlerin!«

Tosender Applaus. Es ist der Moment, für den sie alle hergekommen sind, Parteifunktionäre aus ganz Deutschland, die sich jetzt für Angela Merkel in den Wahlkampf stürzen wollen. Die Kanzlerin zieht zunächst nur die Mundwinkel zu einem belustigten Lächeln hoch. Das sieht man oft an ihr. Erst als Horst Seehofer sich vom Rednerpult klatschend ihr zuwendet, erkennt sie, dass es wirklich ihr Augenblick ist. Sie steht auf, winkt und nimmt wieder Platz. Freundlichkeit, aber kein großer Gefühlsüberschwang. Wenig Getue, viel Kalkül.

Eine halbe Stunde zuvor hatte im selben Saal der neue Star der Konservativen, CSU-Wirtschaftsminister Karl-Theodor zu Guttenberg, einen kurzen Auftritt. Auch ihn umwehte ein sehr lang anhaltender Applaus. Angela Merkel klatschte vom Podium aus mit, aber nicht allzu lange, zog dann – typische Handbewegung – das Handy aus der Tasche der hellgrünen Hosenanzugsjacke und schaute sich eine neu hereingekommene Meldung an. Dem neuen Aufsteiger, der einmal ihr Konkurrent werden könnte, schenkt sie nur so viel Applaus, wie die Höflichkeit gebietet. Ihre ständigen Seitenblicke auf das SMS-Handy sind ohnehin schon legendär, sodass »SMS« in ihrer Umgebung gerne als »Short Merkel Service« gedeutet wird.

Neben Spott wie diesem sind auch noch zwei Spitznamen im Umlauf, einer davon eher ehrenhaft als spöttisch, »die Chefin«. Der Name bringt ziemlich klar auf den Punkt, was bei Angela Merkel Sache ist. Daneben kursiert noch ein zweiter, nämlich »Mutti«. Und der soll vor allem in ihrer Bundestagsfraktion gebräuchlich sein, im wenig schmeichelhaften Sinn, nämlich als Familienherrscherin, die selbstbewusste Abgeordnete auf eine Art zur Disziplin ruft, als wären sie störrische Kinder.

Nun hat »Mutti« keine Kinder, hat eine Scheidung und eine weitere Ehe hinter sich, ist eine Frau, ist evangelisch und kommt aus Ostdeutschland. Jeder einzelne dieser Punkte hätte eigentlich gereicht, um ihre Chancen auf einen politischen Aufstieg in der CDU minimal erscheinen zu lassen. Aber Angela Merkel hat es verstanden, gerade diese Punkte in der traditionell männlich, katholisch und westlich dominierten CDU zu ihrem Vorteil zu wenden.

»Sie muss wenig Rücksicht nehmen auf alte Seilschaften und Strukturen«, sagt Gerd Langguth. Er war früher selbst CDU-Politiker, aber seit vielen Jahren ist er Professor für Politikwissenschaft und Autor und kann damit seine Vorliebe pflegen, möglichst grelle Krawatten möglichst locker sitzend durch die Welt zu tragen. Langguth hat die umfangreichste Biografie über Angela Merkel geschrieben und er kann viel über sie erzählen. Allerdings gibt auch er gerne zu, dass Angela Merkel privat und auch politisch keine leicht durchschaubare Figur ist. Er hat ihr einen weiteren Spitznamen verpasst: »Sphinx«, wegen der Unbestimmtheit oder Unbestimmbarkeit, die hinter ihrem Lächeln steckt.

Er schreibt dies vor allem ihrer Herkunft zu. Als Tochter eines Pfarrers in der DDR hätte sie sich früh daran gewöhnen müssen, ihr Herz nicht auf der Zunge zu tragen, nicht alles zu sagen, was ihr durch den Kopf ging, und Stillschweigen zu bewahren, wenn es nottat, im Angesicht einer stets misstrauischen und bedrohlichen Staatsmacht. Einer Macht allerdings, mit der man sich in Angela Merkels Familie durchaus auch zu arrangieren wusste.

Ihr Vater, der Pfarrer Horst Kasner, stammte aus Berlin. Er hatte in Bielefeld und Hamburg Theologie studiert. Dort, in Hamburg, heiratete er, dort brachte seine Frau Herlind Kasner am 17. Juli 1954 die Tochter Angela zur Welt. Es war der Ruf der Kirche, der Horst Kasner dazu brachte, mit seiner Familie in die DDR zu gehen, als Pfarrer in das kleine Dorf Quitzow bei Perleberg. Er tat dies zu einer Zeit, in der – noch vor der kompletten Abriegelung der Grenze – jeden Tag mehr als 1000 Deutsche die DDR verließen. Er schwamm gegen den Strom. Nach drei Jahren zog die Familie weiter nach Templin in der Uckermark, nördlich von Berlin. Der Ort sollte Angela Merkels Heimat werden. Noch heute hat sie hier in der Nähe einen Zweitwohnsitz, über den sie wenig verrät, außer dass sie dort manchmal Pflaumenkuchen bäckt.

Horst Kasner leitete eine Weiterbildungsstätte der evangelischen Kirche, wurde dadurch zu einem in Kirchenkreisen bekannten, aber auch umstrittenen Mann. Der Spitzname »der rote Kasner« machte die Runde, er galt als einer, der zu den Machthabern der DDR viel weniger kritische Distanz wahrte als andere, die dann auch staatliche Verfolgung befürchten mussten.

Als Gerd Langguth sich kritisch über den »roten Kasner« äußerte, bekam er später Post von anderen DDR-Pfarrerskindern. Sie berichten, dass ihnen der Weg zu einem Studium verwehrt worden war, weil sich ihre Eltern nicht mit dem Regime arrangiert hatten. Das war das grundsätzliche Dilemma: Wer selbst hartnäckig blieb, der riskierte damit, seinen Kindern zu schaden. Angela Merkel durfte studieren. An ihrer Qualifikation bestand kein Zweifel. Ein »Musterschülerinnen-Syndrom« würde ihr bis heute nachhängen, meint Gerd Langguth, der seine Bücher selbst gern musterschülerhaft akribisch zusammenstellt.

Beim Physikstudium in Leipzig trat dann die finsterste Seite der DDR-Staatsmacht an die junge Angela Kasner heran: die Stasi. Angela Merkel erzählt die Geschichte immer wieder selbst: Wie sie damals von zwei Herren gebeten worden sei, dem allmächtigen Geheimdienst als Informantin zu dienen. Wie sie dann entgegnet hätte, sie könnte doch unmöglich irgendetwas für sich behalten, als Geheimnisträgerin sei sie völlig ungeeignet. Wie die Herren dann von ihrem Vorhaben abgelassen hätten und das Kapitel damit erledigt gewesen sei.

Sie war aber auch durchaus anpassungsfähig, wenn auch in eher unauffälliger Form. Sie war Mitglied der FDJ, der Einheits-Jugendorganisation der DDR. Und später, als »fertige« Physikerin an der Akademie der Wissenschaften, hatte sie eine Funktion inne, die sie heute mit »Kulturarbeit« beschreibt, mit dem Besorgen von Theaterkarten, mit Buchlesungen, auch mit der Präsentation von Literatur, die der DDR kritisch gegenüberstand. Im offiziellen DDR-Deutsch soll diese Funktion allerdings den Titel »Sekretär für Agitation und Propaganda« getragen haben. Angela Merkel sagt heute, davon hätte sie nichts gewusst.

Ihren jetzigen Familiennamen bekam die damalige Angela Kasner im Jahr 1976, bei ihrer Hochzeit mit dem Physik-Studienkollegen Ulrich Merkel. Die Ehe ging vier Jahre später auseinander. Bald trat ihr heutiger Mann, der Chemiker Joachim Sauer, in ihr Leben.

Ja, und dann kam der Tag, an dem die Mauer fiel, an dem auch Angela Merkel spät abends nach Westberlin spazierte, von einer wildfremden Familie zu einer spontanen Feier aufgenommen wurde und zu nicht allzu später Stunde wieder nach Hause ging. Sie musste früh aufstehen, um pflichtbewusst wie immer auch am Morgen nach der historischen Nacht wieder an ihrer Arbeitsstelle zu sein.

Mit der DDR ging es zu Ende, mit der Akademie der Wissenschaften auch. Angela Merkel war bald klar, dass sie ihr Leben auf neue Beine stellen musste. Sie interessierte sich für ein politisches Engagement, aber es war keineswegs vorgezeichnet, bei welcher Partei sie eines Tages landen würde. Sie besuchte eine SPD-Veranstaltung, aber dort gefiel ihr nicht, dass sich alle mit »du« und »Genosse« anredeten.

Sie wurde schließlich beim »Demokratischen Aufbruch« fündig, einer Partei, die selbst noch nach ihrer Linie suchte, die linke und rechte Exponenten hatte und zunächst auch noch ganz einer eigenständigen DDR verschrieben war. Parteichef Wolfgang Schnur wurde allerdings bald als Stasi-Mann enttarnt. Die Partei tendierte später mehrheitlich in Richtung CDU, kandidierte gemeinsam mit ihr bei den ersten freien DDR-Wahlen und begann, sich für die deutsche Vereinigung stark zu machen. Angela Merkel tat sich als Pressesprecherin hervor und wurde nach den Wahlen stellvertretende Regierungssprecherin der (nicht mehr lange existierenden) DDR-Regierung.

Sie suchte dann sehr schnell die Nähe von Helmut Kohl, der damals im Zenit seiner Macht stand und wusste, dass in seiner nächsten Regierung die Bürger der Ex-DDR namhaft vertreten sein mussten. Ihre Zielstrebigkeit zahlte sich aus, denn Kohl holte sie tatsächlich in sein Kabinett, allerdings in einer Funktion, für die sie sich anfänglich wenig begeistert gezeigt hatte: Bundesministerin für Frauen und Jugend.

Es war die Zeit der Bonner Republik, die Zeit, in der ich mit Angela Merkel ein Jahr unter einem Dach verbrachte (in der schon erwähnten Wohnanlage in Muffendorf, in der wir ohne persönliche Begegnung nebeneinanderher wohnten). Angela Merkel wurde misstrauisch und spöttisch beäugt. An modischer Erscheinung oder Make-up zeigte sei kein Interesse. Manchmal trat sie sogar noch Zigaretten rauchend auf, in einer Zeit, als dies für eine Jugendministerin eigentlich schon in den Bereich des Verpönten gehörte.

Aber sie erwies sich als zäh, zielstrebig und lernfähig, Eigenschaften, die ihr alle weiteren Wege ebneten, neben dem Wohlwollen ihres Förderers Helmut Kohl. Drei Jahre später wurde sie Umweltministerin und blieb in diesem Amt bis zum Jahr 1998, als die Regierung Kohl in einer vernichtenden Wahlniederlage unterging.

Helmut Kohl legte den Parteivorsitz zurück und wurde Ehrenvorsitzender, Wolfgang Schäuble übernahm die Partei, Angela Merkel wurde Generalsekretärin. Und dann kam das Jahr 1999, das Deutschland zwei politische Erdbeben beschert hat, die bis heute nachwirken. Das eine war, wie schon erwähnt, der plötzliche Rückzug von Oskar Lafontaine aus Ministeramt und Parteivorsitz, ein Ereignis, zu dem ein roter Faden bis zu den heutigen Problemen der SPD und dem Heranwachsen der

Linkspartei führt. Das zweite aber war ein Erdbeben, das Angela Merkel im Alleingang auslöste. Es bestand aus einem Zeitungskommentar, und der rote Faden, der sich von dort nach vorne spult, führt bis in das Kanzleramt von heute, in dem Angela Merkel residiert.

Zur Vorgeschichte: Im Jahr 1999 hatten immer neue Enthüllungen über dubiose Parteispenden die CDU erschüttert. Helmut Kohl hatte ein System aufgezogen, über das Millionenspenden in Parteikassen der CDU flossen. Bald wurde gemunkelt, mit dem Geld wären Gegenleistungen gekauft worden, zur Abwicklung von Immobilien- und Waffengeschäften. Ein Fernsehgeständnis von Helmut Kohl machte alles noch schlimmer: Ja, er habe bis zu zwei Millionen Mark an Spenden gesammelt, die nicht über die regulären CDU-Konten gelaufen seien. Und, nein, er werde die Spender nicht nennen, denn er habe »sein Wort gegeben«.

Kurz danach löste Angela Merkel das Beben aus. In einem Meinungsartikel für die »Frankfurter Allgemeine Zeitung« sagte sie sich von ihrem Gönner und Förderer Helmut Kohl los: »Die Partei muss also laufen lernen, muss sich zutrauen, in Zukunft auch ohne ihr altes Schlachtross, wie Helmut Kohl sich selbst oft gerne genannt hat, den Kampf mit dem politischen Gegner aufzunehmen. Sie muss sich wie jemand in der Pubertät von zu Hause lösen, eigene Wege gehen.«

Angela Merkel hatte damit einen massiven Keil in die Parteiführung getrieben. Helmut Kohl war nämlich der Meinung, Angela Merkel hätte den Artikel mit Wissen und Billigung Schäubles geschrieben. Die Erzfeindschaft zwischen den beiden begann, Helmut Kohl legte den Ehrenvorsitz zurück. Aber Angela Merkel hatte noch viel raffinierter agiert: Sie hatte Schäuble nichts gesagt und sie wusste, dass Schäuble selbst einmal eine dubiose Spende angenommen hatte. Sie wusste, dass Schäuble als Parteichef nicht zu halten war, und sie kalkulierte damit, dass sie jetzt zum Sprung nach vorne ansetzen konnte. Die Rechnung ging auf. Zwei Männer, Kohl und Schäuble, waren mit einer Klappe geschlagen, Merkel war obenauf und wurde Parteichefin. Ihr Biograf Gerd Langguth lächelt fein und sagt: »Die Zahl ihrer Skalps ist enorm«, also die Zahl der von ihr zurückgelassenen Weggefährten von einst.

Ins Kanzlerduell gegen Gerhard Schröder im Jahr 2002 ging nicht sie, sondern der CSU-Chef Edmund Stoiber. Ihr Rückhalt in der Parteispitze war damals brüchig, sie ließ Stoiber den Vortritt und konnte es damit vermeiden, für Schröders neuerlichen Sieg haften zu müssen. Den errang Schröder – mithilfe seiner Distanz zum Irak-Krieg und seiner fernsehwirksamen Auftritte bei den Hochwasserkatastrophen dieses Sommers.

Merkel setzte auf innovative, aber in der Wirtschaftspolitik weit nach rechts tendierende Positionen. Die CDU trat für eine »Kopfpauschale« ein: Jeder sollte gleich viel in die Krankenversicherung einzahlen, unabhängig vom Einkommen. Das Steuersystem sollte vereinfacht werden, Steuern wollte man senken und Ausnahmen streichen, bis hin zu einer Steuererklärung, die auf einem Bierdeckel Platz haben sollte. Sie holte sich für den nächsten Wahlgang im Jahr 2005 einen Schattenfinanzminister, den Experten Paul Kirchhof, der von Kanzler Schröder gnadenlos als »dieser Professor aus Heidelberg« abqualifiziert wurde, der da angetreten sei, um den Reichen zu geben und den Armen zu nehmen.

Den Wahlkampf hatte Angela Merkel mit so viel Rückenwind begonnen, dass ihr ein sicherer Sieg zu winken schien. Aber Schröders Taktik ging so weit auf, dass Merkel nur ein äußerst glückloser Wahlsieg gelang. Noch in der Wahlnacht verhöhnte Schröder sie in ihrer Gegenwart: »Sie wird keine Koalition mit meiner Partei zustande kriegen. Machen Sie sich da nichts vor.« Wenig später war Schröder Geschichte, genau diese Koalition kam zustande und Angela Merkel wurde die erste Bundeskanzlerin der Bundesrepublik Deutschland.

Wie legt sie es an? Mittig, in erster Linie mittig. Vorbei sind die Zeiten von Kopfpauschalen und großen Würfen im Steuerrecht, die sie selbst noch auf dem Leipziger Parteitag im Jahr 2003 beschworen hatte. »Wir sind die Mitte«, lautete die Botschaft auf dem Stuttgarter Parteitag vier Jahre später.

Die Große Koalition setzte am Beginn vor allem große Belastungen durch: Die Mehrwertsteuer wurde auf 19 Prozent angehoben, schrittweise wird das Rentenalter auf 67 erhöht. Und die Vorstellung, man werde einen ausgeglichenen Haushalt zustande bringen, unterstützten CDU-Frau Merkel und ihr SPD-Finanzminister Peer Steinbrück ohnehin gemeinsam und gerne. Sprudelnde Steuereinnahmen halfen ihnen dabei. Die Konjunktur hatte angezogen, die einschneidenden Sozialreformen der Schröder-Ära hatten zu wirken begonnen.

Dann kamen die Finanzkrise und der größte Wirtschaftseinbruch der Nachkriegszeit und seither leben wir ohnehin in völlig postideologischen Zeiten. Massive Staatshilfen, staatliche Einmischung bis hin zur Totalübernahme von Firmen, neue Schulden in ungeahnten Rekordhöhen – Angela Merkel hat keine Freude damit, sie wirkt erkennbar pikiert, wenn sie die Exzesse auf den Finanzmärkten geißelt. Aber sie kann in diesen Zeiten auch ihre große Stärke ausspielen, nämlich die Gabe, möglichst nüchtern an Probleme heranzugehen, unbelastet von ideologischen Positionen. Ob Angela Merkel persönlich eher »rechts« oder eher »links« steht, darüber rätseln selbst Leute, die sie gut kennen. Sicher ist nur, dass sie derzeit ihre Partei viel weiter »links« hält als zu den Leipziger Parteitagszeiten. Jüngste Umfragen scheinen sie in diesem Kurs zu bestätigen: Offenbar gelingt es ihrer CDU, der SPD auf der linken Seite mehr Stimmen abzujagen, als sie auf der rechten Seite an die FDP verliert. Viel ist darüber geschrieben worden, dass Angela Merkel damit die rechten Kernschichten der Partei verärgert hat. Aber ein namhafter »rechter« CDU-ler hat ihr einmal selbst zugeflüstert: »Lass mal, konservativ sind wir alleine. Aber du musst dafür sorgen, dass unsere Töchter CDU wählen.« Eine Kalkulation, die derzeit recht gute Chancen auf ein gewinnbringendes Aufgehen hat.

Dass Angela Merkel keinen ideologisch eindeutig bestimmbaren Standort hat, bedeutet aber nicht, dass sie prinzipienlos wäre. »Sie ist in Gesellschaftsfragen liberaler als ihre Partei, sie steht den USA betont freundlich gegenüber und sie hat eine besondere Sensibilität für das Verhältnis Deutschlands zu Israel und den Juden«, diagnostiziert Gerd Langguth.

Sie hat, auch das sollte man nicht unterschätzen, sehr viel Regierungserfahrung. Sie war sieben Jahre Ministerin. Ihr Vorgänger Schröder kam aus der Landespolitik und konnte erst auf dem Kanzlersessel Kabinettserfahrung sammeln. Und sie hat Themen, die ihr besonders am Herzen liegen, Themen, denen gemeinsam ist, dass sie über die Kurzlebigkeit von Wahlperioden hinwegreichen. Der Klimawandel (sie brachte es fertig, sogar George Bush zum Eingeständnis zu überreden, dass Maßnahmen dagegen nötig seien), die Integration von Zuwanderern, die alternde Gesellschaft, die Bildungspolitik. Weltpolitisch hat sie in der EU oft in entscheidenden Stunden für wichtige Kompromisse gesorgt. Aber immer wieder gibt sie auch zu bedenken, dass Europas Bedeutung in der Welt abzunehmen droht: »Um das Jahr 1900 war jeder vierte Bewohner der Welt ein Europäer. Gegen Ende unseres Jahrhunderts ist es nur jeder vierzehnte.« Immer wieder baut Angela Merkel diese Zahlen in ihre Reden ein.

Zum Erfahrungsschatz, den sie in langen Regierungsjahren

angesammelt hat, gehört jetzt auch das Wissen um die Macht der Bilder. »Spiegel«-Autor Dirk Kurbjuweit hat beschrieben, wie sie sich bei einer Marine-Übung der Bundeswehr standhaft geweigert hat, den bereitgestellten, kopfhörerartigen Gehörschutzbügel aufzusetzen, auch dann noch, als Tornado-Kampfflugzeuge mit eindeutig trommelfellgefährdendem Lärm in extremem Tiefflug über sie hinwegdonnerten. Sie wollte, selbst um den Preis eines möglichen Hörschadens, verhindern, dass Bilder von ihr existieren, die sie mit Micky-Maus-artigen Gebilden auf den Ohren zeigen. Denn sie wusste, dass diese Bilder in den Archiven der Zeitungen und Sender eine sehr lange Haltbarkeit aufweisen würden und dass manches Medium nicht zögern würde, sie in Momenten hervorzuholen, die ihr als gänzlich unpassend erscheinen müssten.

Wer die Bilder kontrolliert, der kontrolliert auch einen Teil der Botschaft. Das habe ich selbst auf der Computermesse Cebit in Hannover erlebt, als Angela Merkel dort mit Österreichs erfolgreichstem Exportartikel zusammentraf, mit dem kalifornischen Gouverneur Arnold Schwarzenegger. Der Mann war ihr erkennbar nicht ganz geheuer. Körpersprachlich schien sie sich immer ein Stück weit aus seinem Aktionsradius herauszudrehen. Schwarzenegger geizte nicht mit Freundlichkeit und Komplimenten, Merkel hingegen punktete mit Fachwissen. Sie parlierte gekonnt mit den Firmenchefs über neue Technologien (»Wie viele Megahertz haben Sie da an Bandbreite?«) und konnte sich damit auch neben »Arnies« zahnpastalächelnder Hollywood-Aura gut behaupten. Die Bildregie hatte allerdings nach Kräften mitgeholfen. Am kalifornischen Stand war eine lebensgroße Werbefigur postiert – Arnold Schwarzenegger in Gestalt des »Terminator«, des Zwitterwesens aus Mensch und Roboter in einem seiner erfolgreichsten Filme, bis an die Zähne bewaffnet. Ein dezenter Wink aus dem Kanzleramt sorgte dafür, dass die Kalifornier diese Figur verschwinden ließen, bevor Angela Merkel den Stand erreichte. Bildhafte Anbiederung an ein gewalttätiges Filmmonster – man achtete sehr sorgfältig darauf, nicht einmal in die Nähe einer Situation zu kommen, die möglicherweise für einen derartigen Eindruck gesorgt hätte.

Der Kandidat

Die Amerikaner haben einen spöttischen Spruch über Leute, die ein hohes politisches Amt anstreben, ohne in diesem Geschäft jemals klein angefangen zu haben: »He hasn't even run for dogcatcher«, er hat also noch nicht einmal einen Wahlkampf um das Amt des städtischen Hundefängers geführt. Bei dem Mann, der im Sommer 2009 als Herausforderer für Kanzlerin Angela Merkel antritt, verhält es sich tatsächlich so. Außenminister Frank-Walter Steinmeier geht für die SPD ins Rennen um die Kanzlerschaft. Und, so paradox es für einen alten politischen Profi klingen mag, es ist tatsächlich sein allererster Wahlkampf, seine erste Bewerbung um ein wählbares Amt. Seine ganze lange Karriere hindurch hat er nur Ämter innegehabt, für die man ernannt wird. Gewählt wurde die Partei, gewählt wurde sein mächtiger Übervater und politisches Vorbild Gerhard Schröder. Er ist stets in Gerhard Schröders Windschatten mitgesegelt. Erst jetzt, mit 53 Jahren, bestreitet er seine erste Wahlkampagne in eigener Sache.

Mit Gerhard Schröder verbindet ihn nicht nur die langjährige Zusammenarbeit, sondern auch die Herkunft. Beide stammen aus dem niedersächsischen Hinterland, weit weg von allen Zentren. Beide waren in ihrer Jugend als Fußballer aktiv, aber schon da fielen die Unterschiede stark ins Gewicht: Gerhard Schröder war Mittelstürmer beim TuS (Turn- und Sportverein) Talle, ehrgeizig, erfolgsbesessen und immer mit dem Willen zum Abschluss, dem Zug zum Tor. Sein Spitzname war »Acker«, verliehen offenbar für unermüdliches »Ackern« im Dienst des Vereins. Frank-Walter Steinmeier (Spitzname damals »Prickel«) wird von den seinerzeitigen Mitspielern beim TuS Brakelsiek ebenfalls unermüdlicher Einsatz bescheinigt, aber er spielte auf einer Position, auf der der Teamgeist mehr zählt als der schnelle Schuss. Steinmeiers Stammplatz war das defensive Mittelfeld.

So bescheinigen denn auch die Spiel- und Sportgefährten von einst dem heutigen Bewerber um das Kanzleramt, er sei stets ruhig, ausgleichend und freundlich gewesen. Kindheit und Jugend in dem keinen Ort Brakelsiek im Lipperland waren von Beschaulichkeit geprägt. »Zweimal am Tag ging ein Bus. Auch dort, wo er hinfuhr, war nicht viel mehr los«, schreibt Steinmeier in seinem Buch »Mein Deutschland«. Er musste nicht im tiefsten Elend leben wie Gerhard Schröder, der Sohn einer weitgehend alleinerziehenden Soldatenwitwe. Aber Steinmeier betont gerne, dass in seinem Elternhaus die Mark zweimal umgedreht wurde, bevor man sie ausgeben konnte. Sein Vater war Tischler, seine Mutter Hausfrau, in seinem ersten Ferienjob baute er in der örtlichen Möbelfabrik Schrankwände zusammen.

Zum Studium ging er nicht allzu weit weg, nach Gießen, wo er Rechts- und Politikwissenschaft belegte. Dann begann sein langer beruflicher Weg an der Seite von Gerhard Schröder, zunächst als Referent, dann als Bürochef in der niedersächsischen Staatskanzlei, wo Schröder als Ministerpräsident amtierte. Als Schröder Kanzler wurde, folgte Steinmeier ihm nach, zunächst als Staatsekretär, dann als Kanzleramtschef. In seiner jovialen und manchmal recht herablassenden Art nannte ihn Gerhard Schröder gerne seinen »Mach mal«, sprich: Schröder gab die Linien vor, Steinmeier musste die mühsame Kleinarbeit erledigen. Schröder schoss die Tore, Steinmeier rackerte im Mittelfeld. Aber so zog Schröder nicht nur den Torjubel, sondern auch die Pfiffe auf sich, während Steinmeier aus der ruhigen Deckung der zweiten Reihe agieren konnte. Das wurde beim heißesten Projekt der Ära Schröder besonders deutlich, beim ehrgeizigen Reformprojekt »Agenda 2010«, in dem Schröder einige der heiligsten Kühe schlachten ließ, die das deutsche Sozialsystem zu bieten hatte. Frank-Walter Steinmeier hatte die Reformen mitkonzipiert, trug auch viel zu ihrer Umsetzung bei, aber Gerhard Schröder war es, der die Agenda-Politik in der Öffentlichkeit zu verantworten hatte, was ihm vor den eigenen Genossen besonders schwerfiel.

In Gerhard Schröders Kanzleramt war Steinmeier auch für die Koordination der Geheimdienste zuständig. Aus dieser Zeit ruht auch ein dunkler Schatten auf seiner Biografie. Murat Kurnaz, ein in Deutschland lebender Türke, war von den Amerikanern unter angeblichem Terrorverdacht in Afghanistan gefangen, misshandelt und dann ins berüchtigte Lager Guantánamo gebracht worden. Die Amerikaner waren schon im Jahr 2002 von der Harmlosigkeit ihres Gefangenen überzeugt. Aber Deutschland wollte ihn nicht zurück und so musste Kurnaz noch vier Jahre länger in Guantánamo bleiben. Steinmeier soll an der Einreisesperre für Kurnaz mitgewirkt haben, ein Untersuchungsausschuss ermittelte, aber er kam nicht besonders weit, auch deshalb, weil sich Steinmeier in der Befragung wieder einmal von seiner für solche Fälle besten Seite zeigte: geduldig, freundlich, die Worte sorgfältig wählend, um nicht allzu viel zu sagen.

Und so wurde der Teamspieler Steinmeier unter Angela Merkel dann in einem überraschenden, aber durchaus logischen Schritt zum Außenminister berufen. Auch das, wohlgemerkt, ohne eine Wahl bestritten zu haben. Die eigenen Genossen begannen auf Abhilfe zu sinnen, denn immer lauter wurde der Ruf nach ihm als Herausforderer für das nächste Kanzlerduell und er hatte noch immer keinen Wahlkampf absolviert, noch nicht einmal für den sprichwörtlichen Hundefänger.

Und so begab es sich, dass sein Parteifreund Matthias Platzeck, der Ministerpräsident von Brandenburg, ihm ein nicht allzu riskantes politisches Gesellenstück antragen konnte. In Brandenburg an der Havel, einer Kleinstadt nicht weit von Steinmeiers Wohnsitz in Berlin-Zehlendorf entfernt, wurde frei, was man als »sicheren Sitz« bezeichnen kann. Die lokale SPD-Bundestagsabgeordnete zog sich aus der Politik zurück und so wurde Steinmeier zu ihrem Nachfolger für den Wahlkreis nominiert, mit offiziellem Zweitwohnsitz in Kirchmöser, Gemeinde Brandenburg an der Havel.

An einem lauen Septembertag machte ich mich mit meinem Team auf nach Kirchmöser. Kurz zuvor hatte der glücklose SPD-Chef Kurt Beck seinen Posten entnervt aufgegeben, Franz Müntefering hatte wieder das Amt des Parteichefs übernommen und Frank-Walter Steinmeier stand jetzt als Kanzlerkandidat fest. Der SPD-Ortsverein Kirchmöser hatte genau 18 Mitglieder, bevor Steinmeier als Nummer 19 dort eintrat, ein paar mehr sind es danach noch geworden, und so waren es damals stolze 23 Genossen, denen Frank Gerstmann vorstehen durfte. Er ist der SPD-Chef in Kirchmöser. Ein fröhlicher Mann, Sozialpädagoge von Beruf. »Wie macht sich denn der Neue so im Ortsverein?«, will ich von ihm wissen. »Er macht sich sehr gut«, gibt Gerstmann zurück. »Natürlich nimmt er nicht an den Ortsvereinssitzungen teil, aber er informiert sich sehr genau darüber, was von den Leuten an der Basis so gedacht wird.« Später bekomme ich auch den Kandidaten Steinmeier selbst vor das Mikrofon, der mir versichert, die Gegend und ihre Menschen würden ihm sehr am Herzen legen.

Die Gegend ist nicht unproblematisch. »Es gibt Länder, wo was los ist. Es gibt Länder, wo wirklich was los ist – und es gibt Brandenburg«, singt der Kabarettist Rainald Grebe. Brandenburg, das ist das Umland von Berlin, das seit dem Ende der DDR damit zu kämpfen hat, dass die Menschen in Scharen abwandern und dass die, die geblieben sind, wenige Chancen für sich sehen. Kirchmöser, der Ortsteil von Brandenburg an der Havel, in dem Frank-Walter Steinmeier seine Heimat an der Basis hat, das war einmal ein Ort, den jeder Eisenbahner in Deutschland kannte. Dort befanden sich die Zentralschule der Bahn und ein riesiges Reparaturwerk für Lokomotiven und Waggons. Die alten Hallen stehen noch, kilometerlang ziehen sich die charakteristischen Ziegelfronten. Aber an vielen Stellen wuchert schon das Gestrüpp an die Gemäuer heran, sind die Scheiben eingeschlagen, die Tore verrammelt. Eine Industriewüste, wie man sie in der früheren DDR oft zu sehen bekommt.

Aber Schicksal kann man auch als Chance begreifen und so hat der Neue im Ortsverein jetzt dafür gesorgt, dass Kirchmöser wieder ein Stück seiner stolzen Bahntradition zurückbekommt. Die Deutsche Bahn will dort ein großes Forschungszentrum einrichten, Steinmeier hat im Hintergrund die Fäden für das Projekt gezogen. Wenn die Lokomotiven in Deutschland eines Tages tatsächlich mit Wasserstoff fahren sollten, dann wurden die Pläne dafür in Kirchmöser ausgeheckt. Für die Leute im Ortsverein hat es sich also schon bezahlt gemacht, dass sie den Genossen Steinmeier als einen der Ihren akzeptiert haben, als weiteren Westimport im früheren Osten.

Den nötigen Rückhalt an der Basis hat sich Steinmeier jetzt also einigermaßen gesichert, aber wie sieht es bei den Entscheidungsträgern in der Partei aus? Seit Gerhard Schröder, gerne als »Genosse der Bosse« verschrien, seine Partei auf einen wirtschaftsfreundlichen Kurs getrimmt hat, gehen tiefe Risse durch die SPD. Einer davon ist schon seit langer Zeit nicht mehr zu kitten. Vor zehn Jahren warf Oskar Lafontaine, der SPD-Vorsitzende und Finanzminister, von einem Tag auf den anderen alles hin, aus Protest gegen Schröders Linie. Später, als Schröder mit den einschneidenden Sozialreformen weite Teile der Partei gegen sich aufbrachte, setzte sich Lafontaine dann an die Spitze der Bewegung der Enttäuschten, die sich im Westen als WASG (Wahlalternative Arbeit und soziale Gerechtigkeit) formierte und dann später mit der Ost-PDS zur Partei »Die Linke« verschmolz.

Aber auch unter denen, die in der Partei verblieben sind, ist der Unmut bis heute groß. Andrea Ypsilanti, von Schröder wegen ihres Namens gerne als »diese Frau XY« verspottet, versuchte es in Hessen mit betont linken und ökologisch orientierten Positionen, scheiterte aber daran, dass Teile der eigenen Partei nicht mehr folgen wollten, als klar war, dass ihr Programm nur mit der Linkspartei zusammen durchzubringen gewesen wäre. Der SPD-Sozialpolitiker Rudolf Dressler kokettiert nun schon seit Jahren mit dem Absprung in Richtung Linkspartei. Und gerade in dieser Situation, in einer Partei, die sich mit ihrem Standort schwerer tut als je zuvor, kommt mit Frank-Walter Steinmeier ein deklarierter Schröder-Mann nach oben und will Kanzler werden. Kann er die eigene Partei mitnehmen auf diesen Weg?

Beim Schreiben dieser Zeilen, um die Jahresmitte 2009, kann die Antwort ein vorsichtiges Ja sein. Paradoxerweise ist es gerade die Schwäche seiner Partei, die Frank-Walter Steinmeier jetzt zu einer neuen innerparteilichen Stärke verhilft. Die Flügelkämpfe haben die SPD geschwächt und die CDU ist in den letzten Jahren weiter nach links gerückt, zur Mitte hin, dorthin, wo die SPD eigentlich auch sein will. Alle werben jetzt weitgehend um dieselbe Kundschaft, aber die SPD hat derzeit die viel schlechteren Karten in diesem Spiel. Bei der Europawahl Anfang Juni 2009 hat sie mit nicht einmal 21 Prozent das niedrigste bundesweite Ergebnis aller Zeiten eingefahren.

Renten-Riester

Walter Riester ist schlank, wirkt sportlich und braun gebrannt ist er auch. Seine 66 Jahre sieht man ihm nie im Leben an, und das ist auch schon der Hauptgrund für die Problematik, die er mir bereitwillig schildert. Es gibt nämlich sehr viele Menschen in Walter Riesters Altersgruppe, und es gibt noch viele mehr, die jetzt nach und nach in diese Altersgruppe hineinwachsen.

Vielleicht sind Sie schon einmal an einer deutschen Bank oder Sparkasse vorbeigegangen und haben im Schaufenster das Wort »Riester-Rente« erspäht. Oder es ist Ihnen im Fernsehen schon das merkwürdige Wort »Riestern« aufgefallen. Ja, in letzter Zeit kann man sogar schon »Wohn-Riestern« in Deutschland. Walter Riester sieht das mit Gelassenheit und einer großen Portion Genugtuung. Denn er hat in hartnäckiger Arbeit etwas durchgesetzt, was gerade heute in Zeiten der Finanzkrise. Als wenn auch kleiner Beitrag zur Bewältigung eines riesigen Problems gelten kann.

Es ist Walter Riester, dem Mann aus dem Schwäbischen, nicht gerade an der Wiege gesungen worden, dass sein Name einmal in aller Munde landen würde. Er ist gelernter Fliesenleger, hat zehn Jahre in diesem Beruf gearbeitet und seinen Meisterbrief gemacht. Dann aber hat er seinen zweiten Karriereweg eingeschlagen, der ihn in die Gewerkschaft und später in die Politik führte.

In Baden-Württemberg, dem Land, aus dem Walter Riester stammt, wirbt die Regierung mit dem Spruch »Wir können alles. Außer Hochdeutsch«. Zudem sagt man den Schwaben nach, sie könnten gut mit Geld umgehen. Das Hochdeutsche sitzt bei Walter Riester recht gut, wenn auch mit unverkennbar schwäbischem Akzent. Aber was den Umgang mit Zahlen und Fakten anlangt, die Geld und Geldesnot verkörpern, da wird er seinem schwäbischen Ruf gerecht. Er hat alles im Kopf, die ganze problematische Entwicklung, und kann sie gut mit seiner eigenen Lebensgeschichte verknüpfen. »Als ich vierzehn Jahre alt war, sind meine Großeltern in die Rente gegangen«, erzählt er. (Anders als in Österreich wird in Deutschland scharf zwischen Rente und Pension unterschieden: Pensionen sind nur für Beamte bestimmt.) »Damals hatte jemand, der Rentner wurde, im Durchschnitt noch knappe zehn Jahre vor sich, in denen er diese Rente genießen konnte.« Und mit dem »Genießen« war es auch nicht allzu weit her. »Man hat halt gehofft, dass die Rente zum Überleben reicht und dass einem die Kinder dann noch ein bisschen was dazugeben.« Heute ist alles anders. Die Rentner von heute bleiben im Durchschnitt 18 Jahre in diesem Lebensabschnitt. Und dank des medizinischen Fortschritts und besserer Lebensverhältnisse schreitet die Entwicklung munter weiter. Wer heute 65 ist und sich zur Ruhe setzt, der wird, statistisch gesehen, rund 21 Jahre lang Rentenbezieher sein. Und das mit stark veränderten Ansprüchen. »Die Senioren von heute wollen unabhängig sein«, meint Riester. Auf die milden Gaben der Kinder wollen sie nicht zählen müssen.

So. Und nun saß also der Fliesenlegermeister und Gewerkschafter Walter Riester nach langen Jahren im politischen Geschäft an einer der wichtigsten Schaltstellen der Republik. Im Jahr 1998 machte Bundeskanzler Gerhard Schröder seinen guten und loyalen Freund Riester zum Bundesminister für Arbeit und Sozialordnung. Das Amt hatte zuvor der leutselige CDU-Mann Norbert Blüm bekleidet, auch er ein Aufsteiger aus einfachen Verhältnissen, der als Autobauer bei Opel begonnen hatte. Noch heute ist Norbert Blüm vor allem für eine publikumswirksame Aktion bekannt: Eines Tages im Jahr 1986, vor den Kameras der Bonner Hauptstadtpresse, schnappte er sich einen Kübel voller Kleister und einen Leimpinsel und dann machte sich an einer eigens dafür bereitgestellten Plakatsäule auf dem Bonner Markt zu schaffen. Eigenhändig klebte er ein Plakat mit der Botschaft »Denn eins ist sicher. Die Rente«.

Im Prinzip hatte er damit schon recht, da will Walter Riester, sein Nachfolger im Amt, gar nicht böse urteilen. Aber das Problem ist, dass Norbert Blüm mit seiner Aktion den Eindruck erweckte, niemand müsse sich sonderlich um sein Auskommen im Alter bemühen, Vater Staat werde da schon einen Weg finden. Diesen Weg, das wurde den Schröder-Leuten im Amt bald klar, gibt es nicht mehr. Dafür sorgt eine Entwicklung, in der die zahlenmäßige Balance zwischen Alten und Jungen in der Bevölkerung immer deutlicher auf die Seite der Alten kippt.

Man setzte also zur Schröder'schen Rentenreform an. Der typische Rentner sollte nach 45 Jahren des Einzahlens drei Prozentpunkte weniger herausbekommen als zuvor. Um Menschen die Möglichkeit zu geben, den Verlust durch eigenes Zutun und staatliche Hilfe abfedern zu können, brachte Walter Riester nun »seine« Erfindung ins Spiel. Im Kern ist die »Riester-Rente« eine staatlich geförderte Zusatzrente, die die Banken vergeben können, aber nur dann, wenn sie sich an strenge Kriterien halten. So müssen sie das volle Kapital garantieren, wenn es ans Auszahlen geht.

Die Sache war nicht leicht durchzufechten. »Die Widerstände kamen von allen Seiten, am stärken aus meiner eigenen politischen Heimat, der Gewerkschaft«, erinnert sich Riester. Denn das, was er vorhatte, bedeutete einen Tabubruch: Es war zwar ein ganz kleiner Schritt, aber doch ein Schritt weg vom Umlageverfahren, mit dem in Deutschland seit Reichskanzler Bismarcks Zeiten die Renten finanziert werden. Das bedeutet, dass eigentlich niemand für seine eigene Rente einzahlt, sondern dass das von den Jungen eingezahlte Geld sofort an die Alten weiterfließt. Der große Vorteil dieses Systems ist seine Krisenfestigkeit. Selbst unmittelbar nach dem Ende des Zweiten Weltkrieges kamen die Rentenkassen praktisch von selbst wieder auf die Beine. Aber jetzt war es ausgerechnet ein Sozialdemokrat, der das meist eher von rechter Seite geforderte Kapitaldeckungsverfahren propagierte, wenn auch nur in einem ganz bescheidenen Ansatz. Das Verfahren also, bei dem Geld zunächst einmal in die Finanzwelt fließt, dort investiert wird und – hoffentlich vermehrt – erst später wieder an die Rentner zurückwandert. »Auch mein Freund Fritz Verzetnitsch aus Österreich (der langjährige, später über die BAWAG-Affäre gestolperte Vorsitzende des ÖGB, P. F.) hat mir immer davon abgeraten, das war einfach ein Dogma bei den Gewerkschaften«, erzählt Riester mit feinem Lächeln, das noch feiner wird, wenn er auf die damaligen Widerstände aus der Finanzwelt gegen seinen Plan zu sprechen kommt. »Da hat eine Zeitung, hinter der angeblich immer ein kluger Kopf steckt (gemeint ist die »Frankfurter Allgemeine«, die vor langer Zeit mit einem entsprechenden Slogan geworben hat, P. F.), geschrieben, das käme eben davon, wenn man einem Fliesenleger die Verantwortung für die Rentenfinanzierung überträgt.« »Hat Sie das sehr getroffen?«, will ich wissen. »Nein, überhaupt nicht«, sagt Riester. Und dann erzählt er von seinem Jahr an der Frankfurter Universität, in dem er sich nach bestandener Arbeiter-Fortbildung so viel wirtschafts- und gesellschaftswissenschaftliches Wissen angeeignet hat, dass er – wie er sagt – immer mithalten konnte, auch später, als er für die Gewerkschaft in wichtigen Aufsichtsräten der deutschen Industrie saß.

Nun ist Walter Riesters Werk honorig und durchaus erfolgreich. Mehr als 12 Millionen Riester-Verträge laufen derzeit in Deutschland. Aber es ist trotzdem nur ein kleiner Tropfen auf einen immer heißer werdenden Stein. Denn nach wie vor geht die Schere zwischen Alt und Jung weiter auf, die Zahl der Alten wächst und wächst. Und hier kommen noch ein paar zusätzliche Faktoren ins Spiel, auf die Hans-Werner Sinn, der Wirtschaftsforscher aus München, hingewiesen hat. Dass die Menschen in Europa länger leben und dass weniger Kinder geboren werden als früher, das ist hinlänglich bekannt. Aber es wird noch interessanter. Es gibt nämlich, statistisch erfasst, ein sogenanntes »Indifferenzalter«. Derzeit liegt es in Deutschland bei zirka 49 Jahren. Wer jünger ist, der ist – rein statistisch gesehen – gegen den weiteren Ausbau des Pensionssystems, denn er sieht sich in erster Linie als Vertreter derer, die für diesen Ausbau zu zahlen haben. Wer über der magischen 49er-Grenze liegt (oh Gott, da komme ich ja auch bald hin, P. F.), der ist viel eher daran interessiert, dass das Pensionswesen erweitert wird, denn von diesem Alter an denkt man verstärkt daran, dass man nicht nur zu den Zahlern, sondern auch – in nicht zu ferner Zukunft – zu den Nutznießern dieses Systems gehören wird.

Das Interessante daran ist, dass derzeit ungefähr die Hälfte der Bevölkerung über diesem Alter, die Hälfte darunter liegt. In den kommenden Jahren und Jahrzehnten wird aber die Zahl der über 49-Jährigen relativ zur Zahl jener, die darunter liegen, stark ansteigen. Und das bedeutet, dass die, die die Empfängerseite des Systems vertreten, die große Mehrheit der Bevölkerung und eine noch größere Mehrheit der Wähler stellen werden (auch deshalb, weil Ältere dazu tendieren, von ihrem Wahlrecht fleißiger Gebrauch zu machen). Damit ist dann auch endgültig der Punkt überschritten, an dem die Entwicklung jetzt schon hält: Denn schon heute traut sich die Politik kaum noch, irgendetwas gegen den Willen der mächtigen Alten zu tun.

Im Juni wurde in Leipzig der große »Seniorentag« veranstaltet. Wie selbstverständlich machten die Bundeskanzlerin, der SPD-Chef und der Ministerpräsident von Sachsen ihre Aufwartung. Bundeskanzlerin Merkel brachte dabei ein ganz besonderes Kunststück zuwege, indem sie den Senioren freudig kundtat, es werde in diesem Jahr »... nach langen Zeiten, in denen die Rentner Verzicht geübt haben, eine Rentensteigerung geben«. Sie sagte nicht dazu, mit welchen Tricks die Große Koalition es zuwege gebracht hat, dass ausgerechnet jetzt, mitten in stark krisengebeutelter Zeit, wieder ein Mehr für die Senioren herausgekommen konnte. Denn eigentlich wurden schon vor Jahren in ziemlich weiser Voraussicht ein paar Bremsen ins System integriert, die den Wandel im Verhältnis von Alt zu Jung reflektieren sollen. Da gibt es den »Riester-Faktor« (schon wieder kommt der Ex-Minister zu Ehren) und den Nachhaltigkeitsfaktor, die beide dafür sorgen sollen, dass die Renten zumindest nicht weiter steigen, wenn auf weniger Junge mehr Alte kommen. Dumm nur, dass die Politik gerne mit diesen Faktoren herumspielt und ihren Sinn ins Gegenteil verkehrt. Den »Riester-Faktor« hat man jetzt schon zweimal ausgesetzt, und die Kombination beider Faktoren ist zu einem zahnlosen Wachhund geworden, seit festgelegt wurde, dass sie auf keinen Fall zu niedrigeren Renten führen soll, auch dann nicht, wenn die Löhne der Berufstätigen sinken. Das führt zwar dazu, dass sich im Pensionssystem noch viel größere Finanzierungslücken auftun, aber es sorgt für Beruhigung bei der wichtigen älteren Klientel angesichts heranrückender Wahlen.

Wieder einmal wird also versucht, die allgemeine Ratlosigkeit angesichts einer mit mathematischer Gewissheit herannahenden Kalamität zu überspielen und an folgende Generationen weiterzureichen. Auf dem Seniorentag hat Angela Merkel dann auch noch recht unverblümt zugegeben, dass die Zahlen eigentlich ziemlich klar gegen das sprechen, was ihre Regierung zur Freude der Rentner ersonnen hat. Zunächst brachte sie den stets beliebten Seitenhieb auf die weltfremden Experten ins Spiel mit den Worten: »Ich stehe auch absolut dazu, dass wir es in der jetzigen krisenhaften Situation den Älteren nicht zumuten, sich von jedem Wirtschaftsprofessor mit jedem Gutachten jeden Tag dahingehend in Unruhe versetzen zu lassen, ob nun nächstes Jahr die Rente sinkt oder ob sie doch nicht sinkt.« Und dann die rhetorische Volte – mit dem Hinweis, man täte das jetzt trotzdem und eigentlich gegen besseres Wissen: »Ich finde, man kann es älteren Bürgern nicht zumuten, die wirklich jeden Euro umdrehen müssen, (…) dass sie dann auch noch das ganze Jahr über durch eine Diskussion beunruhigt werden, in welcher Art und Weise nun vielleicht die Rente gekürzt wird. Dagegen habe ich mich aus voller Überzeugung ausgesprochen, auch wenn es vielleicht wissenschaftlich fragwürdig ist.« Es gehört zu den Qualitäten der wendigen Kanzlerin Angela Merkel, dass sie selbst solche gedanklichen Verrenkungen in einer Weise an das Publikum heranträgt, dass sich kein Widerspruch regt. Politiker, die etwas tun, obwohl es »vielleicht wissenschaftlich fragwürdig ist«, sind eigentlich selbst auf höchst fragwürdige Weise unterwegs. Aber Angela Merkel wusste, dass ihre Botschaft gerade auf dem Forum des Seniorentages auf höchst aufnahmebereite Ohren treffen würde, trotz ihrer merkwürdigen Begründung.

Eines immerhin hat Angela Merkels Große Koalition durchgesetzt, auch gegen große Widerstände: Die Rente mit 67 soll schrittweise näher rücken. Dieses durchgesetzt zu haben, ist auch das Verdienst des früheren Vizekanzlers und Arbeitsministers Franz Müntefering, der sich später wie zum Beweis für die Schaffenskraft älterer Zeitgenossen kurz vor seinem 69. Geburtstag wieder zum Parteichef der SPD küren ließ.

Im Jahr 2029 ist es in Deutschland für den ersten Jahrgang so weit. Dann werden sich die im Jahr 1964 Geborenen auf zwei weitere Jahre im Erwerbsleben einstellen müssen. Eine einigermaßen zukunftsweisende Maßnahme und wahrscheinlich auch das Maximum dessen, was derzeit politisch durchzubringen ist. Aber Professor Hans-Werner Sinn, der immer wieder gerne in der Rolle des Ketzers auftritt, macht bereitwillig darauf aufmerksam, dass dieser Lösungsansatz viel zu wenig weit geht. Wenn die Jungen gleich viel einzahlen und die Alten gleich viel an Rente beziehen wollen, dann müssten die Deutschen eigentlich, Professor Sinn zufolge, im Jahr 2035 bis ins würdige Alter von 77 Jahren im Arbeitsleben bleiben und erst dann den – dann wirklich unbestreitbar wohlverdienten – Ruhestand antreten.

Gibt es Alternativen? Ja, meint Professor Sinn recht ungerührt. Wenn sich die Zahl der Alten relativ zur Zahl der Jungen verdoppelt (und das wird im Lauf der nächsten 30 Jahre tatsächlich passieren), dann muss man entweder die Pensionen halbieren oder die Einzahlungen der Aktiven verdoppeln – oder irgendeine Kombination aus beiden Schrecknissen finden.

Gibt es nicht doch einen anderen Weg? Wie sieht es mit dem verstärkten Bemühen um Einwanderer aus? Auch da muss uns der Professor enttäuschen. Man könnte, rein rechnerisch, bis zum Jahr 2035 zusätzlich 194 Millionen junge Menschen aus dem Rest der Welt nach Europa holen. Dann bliebe das Verhältnis von Alten zu Jungen konstant. Aber nicht einmal dieser riesige Einwandererstrom würde Europa aus seiner Malaise befreien. Denn die Einwanderer werden auch älter und müssen später ebenfalls vom Pensionssystem aufgefangen werden. (In Berlin hat übrigens – wie zum Beweis des Gesagten – vor zwei Jahren das erste türkische Altersheim seine

Pforten geöffnet.) Wenn man auch diese Tatsache in die Berechnung einbezieht, dann kippt die Rechnung (für die Hans-Werner Sinn Zahlen der UNO herangezogen hat) vollends ins Absurde. Denn dann ergibt sich, dass 701 Millionen Menschen in den nächsten 25 Jahren nach Europa kommen müssten, um das Pensionssystem vollkommen stabil zu halten. Und das in einem Kontinent, der derzeit rund 700 Millionen Einwohner hat.

Genügend Stoff also für die kommenden Jahre steigender Ratlosigkeit. Walter Riester, der Ex-Minister, der mitgeholfen hat, das System wenigstens ein kleines Stück weit zu reformieren, schickt sich übrigens gerade an, den Bundestag mit 65 Jahren zu verlassen und sich in seine Wahlheimat Kärnten zurückzuziehen, in sein Haus am Ossiacher See. Von diesem Herbst an steht der Republik also eine echte und recht komfortabel dotierte »Riester-Rente« ins Haus.

OST–WEST

Kein Schatz im Silbersee

Mit Bitterfeld konnte ich früher nur eine einzige konkrete Erinnerung verbinden. Es war eine Woche nach dem Fall der Mauer, bei einer Autobahnfahrt von Berlin nach Leipzig. Da war ich an Bitterfeld vorbeigekommen, südwärts unterwegs auf der ziemlich holprigen DDR-Autobahn. Kurz vor Bitterfeld hatte es dann begonnen: Dicker dunkelgelber Nebel hüllte uns ein, nahm uns fast die Orientierung, beizte uns alle mit intensivem Schwefelgeruch. Das Phänomen des bunten Nebels war ein relativ häufiges Nebenprodukt, wenn sozialistische Aufbau- und Industrialisierungsfantasien jede Sorge um Mensch und Umwelt überwogen. So hatte ich auch die Stahlwerke von Jesenice in Erinnerung, nur wenige Kilometer von meinem Kärntner Heimatort entfernt im damals jugoslawisch-sozialistischen Slowenien gelegen. Dort lag ständig rosafarbener Rauch in der Luft. Aber sowohl an Dichte als auch an Gestank konnte es der Nebel von Jesenice mit der Bitterfelder Variante nicht aufnehmen. Bitterfeld, das war unüberriechbar ein Ort, dem die Großindustrie und das DDR-System einen sehr kräftigen Stempel aufgedrückt hatten.

Die Luft ist heute sauber in Bitterfeld. Wer von der Autobahn abbiegt, ziemlich genau an der Stelle, an der einem früher die gelbe Nebelwand jede Sicht zu rauben pflegte, der sieht rechts eine flache Feldlandschaft mit gelegentlichen Waldstückchen, links einen modernen Zweckbau nach dem anderen. Es gibt wieder Industrie in Bitterfeld. Das ist der Ansatz zu einer Entwicklung, die man vielleicht einmal als Erfolgsgeschichte schildern wird können. Die Erfolge sind da, zweifellos, aber gerade in dieser Gegend wird deutlich, wie langwierig die Wege zum Erfolg sein können und tief greifend die Umwälzungen waren, die hier praktisch jeder Mensch am eigenen Leib erfahren hat in den zwanzig Jahren seit dem Fall der Mauer.

In den Orten Bitterfeld und Wolfen lebten zum Ende der DDR rund 35.000 Menschen. Die größten Betriebe am Ort hießen CKB (Chemisches Kombinat Bitterfeld) und ORWO, als Hersteller von Film- und Fotomaterial auch im Westen bekannt. Die Firmen produzierten, wie Firmen in sozialistischen Systemen nun einmal produzierten: nach zentral vorgegebenem Plan, mit einer Unzahl von Beschäftigten und in einem System, in dem der Betrieb auch so etwas wie betreuende Behausung für den neu zu schaffenden sozialistischen Menschen bieten sollte. So standen auch weite Teile der Freizeit unter firmeneigener Regie, vom Kulturprogramm bis zur Ferienreise konnte man unter dem betrieblichen Schirm viel Lebenszeit verbringen.

Die Parteiführung hätte gerne auch die Intellektuellen in diese allumfassende betriebliche Fürsorglichkeit einbezogen, und so begann sie gegen Ende der Fünfzigerjahre, den »Bitterfelder Weg« zu propagieren. Parteichef Walter Ulbricht schwebten gleich zwei Schienen vor, auf denen sich die Durchdringung von Hand- und Geistesarbeit im Sinn des angenommenen Interesses der werktätigen Massen bewerkstelligen ließe. Dies wurde zunächst unter der Devise »Kumpel, greif zur Feder« als Ideal des »schreibenden Arbeiters« beworben. Beim ersten Kongress zum »Bitterfelder Weg« im Jahr 1959 standen dann unter dem Appell an den Kumpel auch noch die Worte »Die sozialistische Nationalkultur braucht Dich« zu lesen, es war damals also schon wieder möglich, die Worte »national« und »sozialistisch« in eine Zeile zu fassen, wenn auch mit entschieden antifaschistischem Gestus verbunden. Neben dem »schreibenden Arbeiter« wurde in Bitterfeld aber auch als zweite Devise die Losung »Dichter in die Produktion« verbreitet. Schriftsteller sollten, zwecks Stärkung ihres »sozialistischen Bewusstseins«, in die Betriebe gehen, an den Maschinen arbeiten und so nebenbei auch den schreibenden Arbeitern helfend zur Seite stehen.

Sehr erfolgreich war dieses Konzept nie. Die Schriftsteller waren kaum dazu zu bewegen, ihr Bewusststein in den Werkshallen von Bitterfeld zu erweitern und den Werken der schreibenden Arbeiter bliebt jeder Erfolg beim Publikum versagt, auch deshalb, weil sie gehalten waren, ihre Schilderungen vom düsteren Arbeitsalltag sozialistisch-optimistisch aufzuhellen.

Aber der große Kulturpalast mitten in Bitterfeld, Schauplatz des Kongresses von einst, steht noch und wird jetzt wieder als Veranstaltungsort genützt. Die Privatfirma, die im sogenannten »Chemiepark Bitterfeld« Regie führt, hat ihn renovieren lassen. Statt vom sozialistischen Menschenbild kündet seine Fassade jetzt vom nächsten Auftritt des Schlagerduos »Die Amigos«.

Ein Chemiepark mit Dutzenden Firmen, viele davon hoffnungsvolle Neugründungen, nagelneue Straßen und Autobahnen ringsherum, im Boden modernste Glasfaserleitungen, eine weitgehend sanierte Umwelt: Es ließe sich durchaus eine Erfolgsgeschichte schreiben, wenn man sieht, was sich rund um Bitterfeld an wirtschaftlichen Aufbauleistungen getan hat. Dass man diese Geschichte dennoch nicht so leicht zu Papier bringen kann, lässt sich an zwei Zahlen ermessen: Ich habe schon erwähnt, dass in der Gegend vor 20 Jahren rund 35.000 Menschen gelebt haben. Heute sind es noch 12.000, weit weniger als die Hälfte. Man hat schlecht gelebt in Bitterfeld, mit den üblichen Versorgungsschwierigkeiten des DDR-Systems, umgeben von gefährlichen Chemiedämpfen und eingehüllt in den gelben Industrienebel, oft an hoch gefährlichen Arbeitsplätzen. Aber man hatte Arbeit und Wohnung, beides garantiert vom allgegenwärtigen System.

Es ist eine Erfahrung, die den Leuten im Westen der Republik in viel größerem Ausmaß erspart geblieben ist, die Erfahrung, sich plötzlich auf völlig veränderte Lebensumstände einstellen zu müssen. In Bitterfeld hat praktisch jeder diese Erfahrung gemacht, fast jeder teilt sein Leben ganz selbstverständlich ein in die Zeit »vor der Wende« und danach.

Katrin Kuhnt war zehn Jahre alt, als die Mauer fiel. Plötzlich gehörte sie zu den bemitleidenswerten Kindern aus der Bitterfelder Umwelthölle, durfte drei Wochen zu einem Erholungsaufenthalt an den Wehrbellinsee bei Berlin, um ihrer Lunge eine Pause vom Schwefelregen zu gönnen. »Dabei habe ich damals gar keine Krankheitssymptome gehabt, dafür bekomme ich jetzt, in der reinen Luft, auf einmal Allergien«, lacht sie und deutet so nebenbei auf ein riesiges Schuttfeld rechts der Straße. »Hier wird der gesamte Schutt von den Wohnblöcken aufgearbeitet.« Bagger füttern hier die Maschinen, die große Betonbrocken inhalieren und Schotter ausspucken. Das sind die Überreste der großen Wohnbauten, die die DDR einst mitten zwischen die Industrieanlagen stellen ließ. »Früher waren die Wohnungen dort sehr begehrt«, weiß Katrin Kuhnt, »denn die hatten schon Zentralheizungen, während ringsherum alle noch ihre Öfen befeuern mussten.«

Systematisch wird einer der riesigen Wohnblöcke nach dem anderen abgetragen. Es gibt niemanden mehr, der Interesse hätte dort einzuziehen. Es gibt jetzt wieder die Möglichkeit, in Bitterfeld Arbeit, Behausung und Wohlstand zu finden. Aber es gibt diese Möglichkeit nur mehr für einen kleinen Teil der Bewohner von einst. Karin Kuhnts Eltern waren beide im Chemiekombinat tätig. Sie haben nach dem Ende der DDR alle Chancen genützt, die sich ihnen geboten haben, aber sie mussten mehrmals beruflich umsatteln, immer wieder etwas Neues anpacken. Ihre Mutter pendelt heute jeden Tag nach Magdeburg zu ihrem Buchhalterjob, rund drei Stunden ist sie täglich unterwegs. Ihr Vater stellt – nach vielen Jahren als Industriemanager – heute Metallplastiken und Orden her, vor allem auch die beliebten Karnevalsorden.

»Mit dem Karneval war das ja in der DDR eine ganz besondere Sache«, weiß Karin Kuhnt. Sie erzählt von der großen Tradition der Vereine, den Sitzungen und den Büttenreden, die ihr Vater schon seinerzeit mit Begeisterung geschwungen hat. Das war eine durchaus riskante Sache, denn die Zensur hatte auf die Karnevalisten ein sehr wachsames Auge geworfen. Immer wieder gab es Phasen, in denen einzelnen Vereinen die Tätigkeit für längere Zeit verboten wurde, weil sie in ihrem Karnevalisten-Überschwang allzu deutlich ins Schwarze getroffen hatten.

Die Unterhaltung, die ich jetzt gerade geschildert habe, vom Kind, das die Wende erlebte, über die flachgelegten Wohnblocks bis hin zum politisch gefährlichen Karneval in der DDR, hat vielleicht fünf Minuten gedauert. Aber das ist eben das Faszinierende daran, im Osten Deutschlands unterwegs zu sein. Man stolpert praktisch in jeder Minute über Faszinierendes aus bewegten Jahrzehnten.

Vor zwei Jahren haben sich Bitterfeld und Wolfen zusammengeschlossen zu einer Großgemeinde, die nach neuen Zielen strebt. Nun ja, sie versucht es zumindest. Die Region setzt alles daran, an die alte Industrietradition anzuknüpfen, aber natürlich sauberer und effizienter als mit den DDR-Staatsgiganten von einst. Und eine attraktive Tourismusregion soll nebenbei auch noch herausschauen – doch davon später mehr. »Solar Valley« heißt eines der Projekte. Einige der wichtigsten Firmen Deutschlands, die sich mit Solarenergie befassen, haben hier ihre Produktionsstätten aufgeschlagen. Eine davon wollte die Stadtverwaltung ihren Besuchern auch präsentieren, aber an dem Maiwochenende, an dem ich in Bitterfeld unterwegs bin, geht das leider nicht. »Die Firma ist auf Kurzarbeit und derzeit nicht zu besichtigen«, heißt es mit bedauernder Miene.

Und so knüpfen sich an die alten Sorgen gleich die neuen, bedingt durch die aktuelle Krise. Aber Oberbürgermeisterin Petra Wust bemüht sich, den Blick trotzig-engagiert nach vorne zu richten, spricht von den ehrgeizigen Plänen der Region, ohne die Probleme zu verschweigen. »Wir sind eine schrumpfende Region«, das gibt sie ganz freimütig zu. Sie spricht gerne und oft über die vielen Menschen, die die Region verlassen haben, die meisten davon in Richtung Westdeutschland. »Ich glaube nicht, dass wir viele davon zurückholen können, aber wir sollten wenigsten verhindern können, dass noch mehr von ihnen abwandern«, meint sie. Petra Wust, eine freundliche Mittfünfzigerin mit streng frisiertem blondem Haar, hat das Kunststück fertiggebracht, als parteilose Kandidatin die Bürgermeisterwahl zu gewinnen. Auch sie kann ihr Leben in ein »Davor« und ein »Danach« einteilen. Davor war sie in der Filmfabrik Wolfen tätigt, dort, wo die Orwo-Filme (»Original Wolfen«) produziert wurden. Sie war für die Bezahlung der Mitarbeiter zuständig, die zum Großteil Mitarbeiterinnen waren (»weit mehr als 50 Prozent, wir waren der DDR-Industriebetrieb mit dem stärksten Frauenanteil«). Nach der Wende hätte sie vorerst noch dort bleiben können, ging aber – um eine lange Geschichte kurz zu fassen – als Finanzfachfrau in den öffentlichen Dienst hinein und kam als Oberbürgermeisterin wieder heraus.

Orwo – das waren eigentlich die früheren Agfa-Werke. Der Name wurde erst später nach Patentstreitigkeiten mit dem westdeutschen Ableger der Firma eingeführt. Stolz erzählt Petra Wust von den vielen internationalen Patenten, die Orwo gehalten hat, von den vielen Spezialprodukten für Foto, Film und Röntgen. Aber sie weiß auch, warum ihre Firma nicht mithalten konnte. »Es ist uns nicht gelungen, einen Film zu entwickeln, der mit den gleichen Chemikalien entwickelt werden konnte wie die Kodak-Produkte aus den USA.« Die Orwo-Filme brauchten stets eine gesonderte Entwickler-Behandlung und waren daher im Westen schwieriger zu handhaben.

Frau Wust geht voll und ganz in ihrer neuen Rolle als Oberbürgermeisterin auf. Sie tut alles, um ihre Region gut zu verkaufen und steckt somit auch voll und ganz im marktwirtschaftlichen System. Aber sie kommt immer wieder auf Dinge zu sprechen, die ihr auch im früheren Leben das Gefühl gegeben haben, etwas Brauchbares und Sinnvolles zu tun, für ein Qualitätsprodukt, wie es die Orwo-Filme durchaus waren. Und auch andere Eigentümlichkeiten von damals würde sie – ohne jede DDR-Nostalgie, aber doch – ganz gerne auch im neuen, bundesrepublikanischen System vorfinden. »Ich würde es sehr begrüßen, wenn jedes Kind in der Schule eine warme Mahlzeit bekommen könnte«, sagt sie. »Wir haben einfach Haushalte, in denen die Eltern dazu nicht in der Lage sind, nicht aus materiellen Gründen, sondern aus Unfähigkeit und die Kinder sitzen hungrig in der Schule.«

Sie wird noch grundsätzlicher: »Der Fehler vor 20 Jahren lag darin, dass man nicht überlegt hat, ob es irgendetwas Bewahrenswertes gibt, sondern dass man einfach das westliche System praktisch unverändert über die Ex-DDR gestülpt hat. Und wir in den Gemeindeverwaltungen, wir mussten das alles zusperren. Die Polikliniken mussten wir schließen, die Gemeindeschwestern abschaffen. Und heute, viele Jahre später, führen wir das alles unter neuen Namen wieder ein.«

Die Polikliniken waren staatliche Mini-Krankenhäuser, manchmal als Teil von Betrieben, manchmal als Stützpunkte für Ärzte in kleineren Städten. Heute ahmen zuweilen private Ärztehäuser das Poliklinik-Modell von einst privatwirtschaftlich gewandet nach. Und die Gemeindeschwestern, die in dünn besiedelten ländlichen Gegenden fast wie Ärztinnen tätig waren, sind jetzt, umgetauft als »hausärztliche Fachkräfte«, sogar vereinzelt schon im Westen zu finden.

Allzu sentimental wird die Oberbürgermeisterin aber nicht, denn sie weiß um andere Hinterlassenschaften der DDR, mit denen sie von Amts wegen jahrelang zu kämpfen hatte. Gleich hinter »ihrer« Orwo-Fabrik war nämlich die bekannteste Umweltschande der DDR zu finden, der berühmte »Silbersee«.

Die Umweltbewegung in der DDR war klein und ohne jeden offiziellen Einfluss, aber sie hatte ein paar erfolgreiche Merkmale einer Untergrundorganisation angenommen. Dazu gehörte zum Beispiel die einzige Druckmaschine der DDR, die nicht unter staatlicher Überwachung stand. Sie stand in der berühmten »Umweltbibliothek« im Keller der Zionskirchgemeinde in Berlin. Dazu gehörte auch der heimlich aufgenommene Film über den »Silbersee«, der ein Jahr vor der Wende in den Westen gelangte und für fassungsloses Erstaunen beim Fernsehpublikum sorgte.

»Im Silbersee war gar kein Silber«, das stellt Petra Wust gleich klar. Das für die Filmherstellung wichtige Element Silber wäre viel zu wertvoll gewesen, das wurde bei Orwo schon firmenintern recycelt. Aber zu Orwo gehörte auch eine Faserstofffabrik, die ihre schlammigen Produktionsrückstände jahrzehntelang ungeniert in eine alte Bergbaugrube pumpte. Zunächst kam der stinkende Schlamm noch unter Wasser zu liegen, aber später lag er dann so hoch, dass er sich über den Wasserspiegel erhob, ein biologisch totes Monstrum, das immer wieder gesundheitsschädliche Dampfblasen aus Schwefelwasserstoff in die Gegend spuckte.

Der Silbersee ist auch heute kein Badegewässer. Aber er bekommt wenigstens keinen Schlammnachschub mehr und an seiner Oberfläche sind Maßnahmen zur Belebung des Wassers mit Sauerstoff im Gang. Im Besuchsprogramm für Bitterfelder Gäste ist der Silbersee nicht zu finden, obwohl man ihn durchaus als »Alleinstellungsmerkmal« der Region bezeichnen könnte.

Das Wort »Alleinstellungsmerkmal« führt die Oberbürgermeisterin gerne und oft im Mund. Es geht ihr um die Dinge, die nur ihre Region hat und die Besucher anlocken sollen. Da nimmt sie gerne auch Anleihen bei wesentlich größeren und bekannteren Alleinstellungsmerkmalen dieser Erde: »Das ist der Bruder des Eiffelturms«, verkündet sie ohne jedes Augenzwinkern, als wir den »Bitterfelder Bogen« erreichen. Nun ja. Der Bogen ist auch aus Stahl und er ist – wie sein Bruder in Paris – quasi als Nebenprodukt einer Weltausstellung entstanden. Geplant als Begleitprojekt für die Expo 2000 in Hannover, realisiert aber erst vor drei Jahren, so sitzt er jetzt, als bogenförmiger Aussichtsturm, auf der einzigen nennenswerten Anhöhe »zwischen dem Ural und dem Brocken«, wie Petra Wust betont. Der Blick geht an guten Tagen bis hin zum Leipziger Völkerschlachtdenkmal und er geht über weite Wasserflächen. Sehr junge Wasserflächen. Sie haben der Gegend zu einem neuen Gesicht verholfen und jetzt, so hofft man, sollen sie auch für ein neues Leitbild der Region sorgen. Vom Silbersee redet man hier nicht mehr so oft, denn der See der neuen Hoffnungen hat zwar einen ganz und gar unromantischen Namen, dafür aber – wie viele hoffen – sehr viel Zukunftspotenzial. Wir blicken hinunter auf die weite, ruhige Wasserfläche der Goitzsche.

Verflossenes

Peter Quasdorf stammt aus Niemegk in Sachsen-Anhalt. Versuchen Sie nicht, den Ort auf einer aktuellen Landkarte zu finden. Niemegk existiert nicht mehr. »Im Jahr 1974 haben wir das Jubiläum 25 Jahre DDR gefeiert«, erinnert sich Quasdorf. Damals war die Stimmung in Niemegk noch gut, denn da hieß es zunächst einmal: »Niemegk bleibt stehen.« Aber kurz danach folgte die Ernüchterung. Das Dorf musste weg. Niemegk stand der Energieversorgung der DDR im Weg. Und diese Energieversorgung hatte praktisch nur einen Namen: Braunkohle. Der einzige Energieträger, der auf dem Boden der DDR reichlich verfügbar war, war die schwefelhaltige Braunkohle. Sie war das Heizmaterial Nummer eins, sie speiste die enorm ineffizienten Kraftwerke, die mit Schwaden von Schwefel- und Stickoxiden ganze Landstriche verpesteten, sie diente auch als Grundstoff für eine Vielzahl von chemischen Produkten, die in und um Bitterfeld hergestellt wurden. In der DDR lebten rund 100.000 Menschen von der Braunkohlegewinnung. Heute sind es noch 10.000.

Alles, was mit Bergbau und industriellem Aufbau zu tun hatte, genoss Priorität in der DDR. Und so war es auch für die Bewohner von Niemegk bald beschlossene Sache, dass sie ihre Häuser räumen mussten. »Manche wurden umgesiedelt, in neue Wohnungen in der Nähe, und haben das gut verkraftet, aber andere haben die Folgen der Aktion nie ganz überwunden«, erinnert sich Peter Quasdorf. Ich möchte von ihm wissen, ob damals niemand daran gedacht hätte, Widerstand zu leisten. Er denkt kurz nach und meint dann: »Die meisten Leute hier haben ja von der Kohle und der kohleverarbeitenden Industrie gelebt. Die hatten sich nun einmal abgefunden mit dem Leben in einem Industriegebiet. Und daher gab es auch keinen allzu großen Widerstand gegen das Verschwinden von Niemegk.«

Unsere gesamte Konversation spielt sich auf einer Wasseroberfläche ab, denn wir reden von untergegangener Vergangenheit. Wir fahren über einen See, der rund dreimal so groß ist wie der Wörthersee und um vieles jünger. Den Goitzschesee, über den wir jetzt mit einem Ausflugsdampfer schaukeln, gibt es in dieser Form erst seit sieben Jahren. Davor war dort ein Krater, Hinterlassenschaft des enormen Hungers der DDR nach immer mehr Braunkohle.

Man konnte die Kohle dort im Tagbau gewinnen, man konnte also mit Baggern und Schürfmaschinen einfach den Boden immer weiter aufreißen und immer neue Schichten von Kohle erschließen. Zum Abtransport der Massen von Kohle und Stein wurden dann Schienen in die Grube gelegt, die auch immer wieder neu platziert werden mussten: eine der härtesten Tätigkeiten, die der Tagebau bereithält. Ein Toningenieur vom Fernsehen, der dort schon zu DDR-Zeiten an Filmarbeiten über den Tagebau beteiligt war, raunt mir zu: »Das Verlegen der Schienen durften wir nie aufnehmen. Denn dabei wurden Sträflinge eingesetzt. Das wollten die Auftraggeber nicht im Bild haben.«

Es gab noch ganz andere Sachen, die die DDR nicht für die Nachwelt festgehalten wissen wollte. Da waren einmal die Auswirkungen des Kohlebergbaus auf die Umwelt. »Es war hier immer sehr staubig«, erinnert sich Gerhard Schreiber, der fast von Anbeginn an dabei war. »Der Kohlestaub ist den Leuten in die Häuser gekrochen, er kam durch die Fensterritzen, und das war sehr unangenehm.« Noch unangenehmer war, dass sich der Kohlestaub an manchen Plätzen auch noch selbst entzündete und die Gegend mit Qualm und Dünsten überzog.

Da der Tagbau immer im Freien stattfand, war das gesamte

Unterfangen allen Unbilden der Witterung ausgeliefert. Wenn es regnete, dann stand tiefer, kohlehaltiger Schlamm in der Grube. Aber das hatte für die Bergleute einen ganz besonderen Reiz. »Wenn es frisch geregnet hatte, dann konnte man es da und dort funkeln sehen«, erinnert sich Gerhard Streiber. Was da funkelte, waren dann oft die begehrten Bernsteinstücke. Der Bernstein war in den Bitterfelder Gruben immer wieder unter den Kohlelagern zu finden. Die Bergleute konnten das edle, versteinerte Harz eine Zeit lang schwarz verkaufen und sich damit ein gutes Zubrot verdienen. Aber bald bekam die Staatsmacht Wind davon und stellte die Sache auf ganz andere Beine. »Offiziell durften wir nichts davon wissen, das hieß nur die 01-Produktion«, grinst Gerhard Streiber. Unter strengster Verschwiegenheit wurde er eines Tages hinzugezogen, um eine neue Fördermaschine für die Bernstein-Produktion zu entwerfen.

Warum die DDR so ein Geheimnis darum machte? »Die haben allen Bernstein, den wir hier gefunden haben, mit Eisenbahnwaggons nach Ribnitz-Damgarten gebracht. Das war die traditionelle Bernstein-Metropole an der Ostsee. Und dort hat man diese Bernsteinstücke dann zu Schmuck weiterverarbeitet, mit der Bezeichnung ›echter Ostsee-Bernstein‹.« Dass die edlen Stücke nicht die idyllischen Ostseestrände, sondern die Kohlegruben von Bitterfeld zur Heimstatt hatten, das wurde vom System tunlichst verheimlicht, denn die Bernstein-Exporte gingen auch zu großen Teilen ins NSW, ins »Nichtsozialistische Wirtschaftsgebiet«, also in den Westen. Und auf dessen Devisen war die DDR in ganz besonderem Maße angewiesen.

Mit der Wende war dann klar, dass der Braunkohleabbau in dieser Gegend keine Chance mehr hatte. Die Kohlelagerstätten waren nie besonders ergiebig gewesen. Es war in erster Linie der Drang der DDR nach möglichst viel Energieproduktion im eigenen Land, der den Bergbau aufrechterhielt. Aber mit der Vereinigung hatte die ehemalige DDR Zugang zu den Weltmärkten und der Bergbau konnte nur noch in einem Bruchteil der einstigen Flächen fortgesetzt werden.

Nun sind Bergbauunternehmen verpflichtet, für die Wiederherstellung der von ihnen zerstörten Flächen aufzukommen. Und so reifte sehr bald nach der Wende der Plan, die riesige Tagbaugrube mit Wasser zu fluten und einen künstlichen See zu schaffen. Es wurde ein Plan ausgearbeitet, nach dem es zehn Jahre gedauert hätte, den Wasserspiegel in der Grube langsam und sorgfältig anzuheben, begleitet von ständigen Messungen wichtiger Umweltfaktoren. Aus den zehn Jahren wurden letztendlich nur 38 Stunden. Ein Dammbruch beim August-Hochwasser des Jahres 2002 sorgte dafür, dass die gesamte Hochwasserfülle des benachbarten Mulde-Stausees in der alten Bergbaugrube landete. Seitdem liegt Bitterfeld am See, am Goitzschesee. Und bevor Sie noch darüber zu rätseln beginnen, wie ein derartiger Name nun auszusprechen sei: Es ist leichter als gedacht, denn in Sachsen-Anhalt sagt man einfach »Gottsche«.

Seit Bitterfeld nun also frei von Kohlestaub am See liegt, versucht es, sich einen maritimen Anstrich zu verpassen. Es gibt Strandcafés, Badestrände, einen Hafen, der bald die Segler von nah und fern anziehen soll. Und es gibt einmal im Jahr einen Marathonlauf, der den Ruf des Goitzschesees in die Welt hinaustragen soll. Pfarrer Matthias Weise ist einer der wichtigsten Männer beim Organisieren des Marathons, denn er hält Kontakt zu den Spitzenläufern aus Kenia, die hier antreten. Zwar überschneidet sich der Lauftermin mit seinem Sonntagsgottesdienst, aber trotzdem engagiert er sich voll für das Vorhaben, redet auch gern mit der Bürgermeisterin und sogar mit dem früher so mächtigen SED-Parteisekretär, wenn es um »seine« kenianischen Läufer geht, denen er auch inmitten blutiger Bürgerkriegswirren in Kenia beigestanden ist.

Der katholische Pfarrer Matthias Weise vertritt ein echtes Minderheitenprogramm in Bitterfeld. Er schätzt, dass gerade einmal drei bis vier Prozent der Bevölkerung hier katholisch sind. Bei den Protestanten sind es auch nicht mehr als 15 Prozent, der große Rest ist keinem religiösen Bekenntnis zugewandt.

Auch Pfarrer Weise hat ein Leben »davor« und »danach« erlebt. Aber sein Fazit fällt aufs erste Hinhören frappierend aus. »Jetzt ist es für mich als Pfarrer schwieriger als früher in der DDR«, sagt er. Und als er mich ungläubig dreinblicken sieht, meint er nur: »Früher war ich mit meinem Glauben eine Alternative. Heute bin ich nur mehr einer von vielen.« Wer hätte das gedacht, dass selbst ein Pfarrer seine Schwierigkeiten hat mit dem plötzlichen Geworfensein in den großen, freien Markt.

Aufholen im Osten

Wie sieht es jetzt aus mit dem großen Aufholprozess des deutschen Ostens? Ist da wirklich noch Platz für eine Erfolgsgeschichte? Es gibt einen »Beauftragten der Bundesregierung für die Neuen Bundesländer«. Sein Name ist Wolfgang Tiefensee, er war Oppositioneller in der DDR, später Oberbürgermeister von Leipzig und jetzt sitzt er als Minister für Verkehr und Bauwesen in der Bundesregierung, auf einem SPD-Ticket. Wolfgang Tiefensee wirkt immer etwas leidend und besorgt, auch dann, wenn er sich vornimmt, Gutes oder zumindest gut Klingendes zu verkünden. Er sagt den Satz: »Ich kann konstatieren, dass wir uns in Ostdeutschland in den letzten drei, vier Jahren auf einem sehr guten Pfad befinden«, aber er sagt es mit gepresster, gedrückter Artikulation, auf eine Art und Weise also, die automatisch Zweifel an der Authentizität des Gesagten weckt.

Es ist in der Tat so, dass man Wolfgang Tiefensees Angaben auf vielfältige Weise lesen kann. Er ist verpflichtet, jedes Jahr einen Bericht über den Stand der Deutschen Einheit abzuliefern, und dieser Bericht schillert, je nach Betrachtungsweise, in den unterschiedlichsten Farben. Da findet sich zum Beispiel die Feststellung, dass die aktuelle Finanz- und Wirtschaftskrise den deutschen Osten nicht so hart trifft wie die westlichen Bundesländer. Man kann es als gute Nachricht sehen, wird damit aber der Wahrheit nur zum Teil gerecht. Dass der Osten mit der Krise besser zurechtkommt, liegt daran, dass er weniger für den Export produziert, der immer als der wichtigste Förderer des deutschen Wohlstands gegolten hat.

Wohltuend klingt auch, dass die Zahl der Arbeitslosen auf dem Gebiet der früheren DDR nicht mehr gar so ausufert. Es hat sogar – zumindest vor der aktuellen Krise – einen Zuwachs bei den Beschäftigten gegeben. Trotzdem sind im Osten immer noch doppelt so viele Menschen arbeitslos wie in den westlichen Bundesländern. Im Gebiet der früheren DDR sind fast zwölf Prozent ohne Arbeit, im Westen sechs Prozent (Stand von Ende 2008).

Ein Phänomen plagt den Osten aber so gut wie gar nicht, und das ist die Jugendarbeitslosigkeit. In den meisten Gegenden gibt es sogar mehr Lehrstellen als mögliche Bewerber dafür. Aber was als augenscheinlich gute Nachricht daherkommt, das entpuppt sich bei näherem Hinsehen als die größte Zukunftshürde für den wirtschaftlichen Aufstieg der Ex-DDR. Es gibt nämlich – überspitzt gesagt – keine Jugendarbeitslosigkeit mehr, weil es keine Jugendlichen mehr gibt.

Das Tempo, in dem sich diese Entwicklung vollzogen hat, ist in der Tat atemberaubend. Allein von 2006 bis 2009 hat sich die Zahl der 18-Jährigen in den östlichen Bundesländern Deutschlands halbiert: Sie ist von 100.000 auf 50.000 zurückgegangen. Diese Zahlen stammen vom deutschen Verteidigungsminister Franz-Josef Jung, der mit diesen Jahrgängen besonders scharf kalkulieren muss, weil sie den Großteil der Wehrpflichtigen stellen. Warum ist der Knick gerade in dieser Generation so massiv? Das hat damit zu tun, dass nach der Wende noch mehr junge Menschen als zuvor in den deutschen Westen gingen. Wenn sie Kinder bekommen haben, dann haben sie sie in den Bundesländern des Westens bekommen. Und jene Menschen im fortpflanzungsfähigen Alter, die im Osten geblieben sind, hatten so viel an turbulenten Umwälzungen in ihrem Leben zu gewärtigen, dass ihnen der Kinderwunsch vielfach vergangen ist.

Die Abwanderung hält bis heute an. Rund 90.000 Menschen, viele von ihnen jung und gut ausgebildet, kehren dem Osten Deutschlands Jahr für Jahr den Rücken. 1991 lebten mehr als 18 Millionen Menschen auf dem Gebiet der früheren DDR, heute sind es 16,6 Millionen, Tendenz fallend. Bis zum Jahr 2025 wird das Gebiet noch einmal viele Einwohner verlieren, die Statistiker gehen von einem weiteren Rückgang um elf Prozent aus.

Die Folgen liegen auf der Hand: Ganze Landstriche im Osten gehen der Verödung entgegen, ganze Stadtzentren könnten bald offenbaren, dass hinter prachtvoll renovierten Fassaden nur noch Leere ist – oder die wachsende Population der Senioren. Heute, im Zeitalter der geschickten Vermarktung, gibt es selbstverständlich auch für diese Entwicklung schon ein beschönigendes Schlagwort. Von »Vergreisung« wird der Vereinigungsbeauftragte Wolfgang Tiefensee nie sprechen, stattdessen versucht er, der Situation in seinem Jahresbericht einen positiven Drall zu geben, unter der Schlagzeile »Herausforderungen des demografischen Wandels annehmen und gestalten«.

Stanislaw Tillich, der Ministerpräsident von Sachsen, hat vor Kurzem in eine ähnliche Kerbe geschlagen. Er verkündete, dass im Jahr 2025 jeder dritte Einwohner von Sachsen über 65 sein wird. Nach seinen Worten sollte die Gesellschaft diese Herausforderung akzeptieren und sich darauf einstellen. Das ist oft wesentlich leichter gesagt als getan. Es mag schon stimmen, dass man im Alltag dem Älterwerden der Gesellschaft auch mit kleineren Schritten Tribut zollen kann, ohne dass es den Jüngeren schadet. So ist mir schon vor Jahren bei einem Aufenthalt im Seniorenparadies Palm Beach in Florida aufgefallen, dass dort die Hinweisschilder auf den Straßen in wesentlich größerer Schrift gehalten sind als überall sonst in den USA. Das wird die jüngere Generation nicht besonders stören. Möglicherweise hat Wolfgang Tiefensee auch einfache Maßnahmen wie größere Schilder im Sinn, wenn er von den

Der Mentor: Bundeskanzler Helmut Kohl mit der damaligen Bundesfrauenministerin Angela Merkel auf dem kleinen Parteitag der CDU im Bonner »Hotel Maritim« 1993.

Oben: Bundeskanzler Gerhard Schröder und die CDU-Vorsitzende Angela Merkel debattieren eine Woche vor der Bundestagswahl 2005 lebhaft in einem Fernsehstudio in Berlin.
Unten: Bundeskanzler Schröder (r.) und der Bundesminister für Arbeit und Sozialordnung, Walter Riester, präsentieren 2001 die Rentenreform.

Der Hoffnungsträger der gebeutelten SPD: Frank-Walter Steinmeier bei der Wahl zum Kanzlerkandidaten am außerordentlichen SPD-Sonderparteitag.

Oben: Abrissarbeiten am »Palast der Republik« in Berlins Zentrum.
Unten: Die Mauer am Brandenburger Tor von der Westseite (1983).
Auch nach zwanzig Jahren Deutscher Einheit ist sie aus manchen
Köpfen noch nicht verschwunden.

Oben: Entlang des Mauerstreifens um den gesamten Westteil Berlins verläuft der Berliner Mauerweg. Gedenksteine erinnern an den kaum mehr sichtbaren Verlauf.
Unten: Unmissverständliche Protestkunst im niedersächsischen Salzgitter in der Nähe des atomaren Endlagers »Schacht Konrad«.

»Ostalgie« lässt die Kassen klingeln. In Berlin und (hier) in Dresden kann man die Stadt per »Trabi-Safari« erkunden.

Die Spitzen der deutschen Politik am Berliner Gendarmenmarkt anlässlich der 60-Jahr-Feiern der Bundesrepublik Deutschland im Mai 2009.

Staatsbürgerpflicht vor den Kameras: Bundeskanzlerin Angela Merkel bei ihrer Stimmabgabe anlässlich der Wahl zum EU-Parlament am 7. Juni 2009.

Herausforderungen des demografischen Wandels spricht. Aber auch er weiß, dass die ganz großen Gefahren für unser gesamtes System bei den Pensions-, Gesundheits- und Pflegekosten lauern und dass auf Fragen in diesem Zusammenhang derzeit nur ausweichende Antworten möglich sind.

Einen Bereich gibt es allerdings, dem der schleppende Gang der deutschen Einheit, verbunden mit dem Bevölkerungsschwund, nur Gutes getan hat: Entlang der ehemaligen innerdeutschen Grenze blüht die Natur auf. Was früher als befestigter DDR-Grenzstreifen für Schrecken sorgte, soll jetzt als eine Art nationaler Grünstreifen quer durch die Republik zum Naturparadies werden. Und – von Berlin und Umgebung einmal abgesehen – wo Land stark begehrt ist, scheint dieses Konzept engagierter Naturschützer voll aufzugehen. Die Brachflächen gehen nur in den seltensten Fällen jemandem ab, die Natur bekommt an vielen Stellen der ehemaligen Grenze völlig freie Hand. So wandern zwar die Menschen nach wie vor in großer Zahl aus der früheren DRR ab, aber wenigstens der Frauenschuh (eine Pflanze) und das Braunkehlchen (ein Vogel) fühlen sich hier auf immer angenehmere Weise heimisch und werden dem drohenden Schicksal des Aussterbens entrissen. Seit einiger Zeit gibt es sogar wieder Wolfsrudel, die in der Lausitz umherstreifen. Wer hätte gedacht, dass die deutsche Einheit ausgerechnet ihnen ein riesiges neues Revier eröffnet.

DIE SPUREN

Spurensuche

Man muss sich manchmal schon regelrecht auf die Suche machen, wenn man im Ostberliner Stadtbild die sichtbaren Hinterlassenschaften der DDR entdecken will. Vor allem, wenn man sich, wie ich, hauptsächlich im Berliner Bezirk Mitte aufhält. Der gehörte zwar auch zum deutschen Osten, aber nach der Wende wurde er wieder zum alten und eigentlichen Zentrum Berlins. Seine Hauptachsen, die Friedrichstraße, die Leipziger Straße und der Boulevard Unter den Linden, wurden wieder zu Flanier- und Renommiermeilen. Noble Geschäfte, Firmensitze, Lobbyistenkanzleien und die dazugehörige Edelgastronomie prägen das Bild.

Aber wer »die Linden« entlang weitergeht und Kurs nimmt auf den Alexanderplatz, der bemerkt sehr bald, dass einiges östlicher zu werden beginnt. Dort sind die Straßen weiterhin nach Karl Marx, Karl Liebknecht und Rosa Luxemburg benannt, es zieht sich am Anfang der Frankfurter Allee das entlang, was die Prachtstraße nach moderner DDR-Ästhetik hätte werden sollen. Einiges davon ist ganz gut gelungen, hat auch aus heutiger Sicht noch Architekturgeschichte geschrieben. Andere Bauten in dieser Gegend haben sich hingegen schon zu DDR-Zeiten kaum um einen besonderen Ausdruck bemüht. Zu diesen Bauten gehört das frühere Amt für Statistik der DDR, in dem ein Teil der »Gauck-Behörde« untergebracht ist, die heute »Birthler-Behörde« heißt. Man tituliert diese Institution immer mit den Namen ihrer jeweiligen Chefs, denn der offizielle Name lautet »Behörde der Bundesbeauftragten für die Unterlagen des Staatssicherheitsdienstes der ehemaligen Deutschen Demokratischen Republik« und auch die offizielle Abkürzung BStU ist nicht gerade zungengerecht ausgefallen. Die Behörde wacht über die gesamte Hinterlassenschaft der »Firma Horch,

Guck und Greif«, die das soziale Gefüge der DDR jahrzehntelang umfasst hatte wie eine eiserne Klammer. Das Ministerium für Staatssicherheit, der mächtigste Staat im Staate DDR. Die Stasi hatte mehr als 90.000 Angestellte, weit mehr als 100.000 Zuträger (gerne als »Inoffizielle Mitarbeiter« geführt), verfügte über eine eigene Hochschule und eine eigene Krankenversorgung, hatte Spionagetechnologie vom Feinsten zur Verfügung und bei Bedarf auch Folterinstrumente. All das ist zum Glück vorbei.

Nach dem 9. November 1989 hatte die Stasi nur noch eine Aufgabe: möglichst viel von ihrer papierenen Hinterlassenschaft zu vernichten. Die Reißwölfe liefen im wahrsten Sinne des Wortes heiß, gaben bald den Geist auf, und der Befehl, alles, was an Akten noch auffindbar war, mit bloßen Händen zu zerreißen, gelangte nicht mehr zur vollständigen Ausführung.

Jetzt wacht die Birthler-Behörde über die Akten und auch über alles, was davon noch übrig ist. Denn sogar die Papierschnipsel aus dem Reißwolf sollen wieder zu lesbaren Dokumenten zusammenwachsen. Eine computergesteuerte Apparatur, eine Kombination aus Roboter, Scanner und elektronischem Puzzle-Genie, wird gerade entwickelt, die es schaffen soll, aus wahllos in Säcke gestopftem Papiermüll wieder schriftliche Zeugen zu machen.

Aber auch in den Beständen, die noch geordnet in den Regalen stehen, lassen sich immer wieder sensationelle Entdeckungen machen. Erst in diesem Frühjahr hat eine Enthüllung besonderer Art die politische Szene Deutschlands geradezu elektrisiert: Karlheinz Kurras, jener Berliner Polizist, der am 2. Juni 1967 den Studenten Benno Ohnesorg erschossen hat, war heimliches Mitglied der Stasi und der DDR-Einheitspartei SED. Benno Ohnesorg war am Rande einer Demonstration gegen den Besuch des Schah von Persien getötet worden, Karlheinz

Kurras verantwortete sich recht dubios mit Notwehr und wurde »im Zweifel« freigesprochen. Eine ganze Generation (die oft beschworenen Achtundsechziger) sah in der Tat von Karlheinz Kurras das Werk eines im Westen lauernden, quasi systemimmanenten Faschismus. Später nannte sich eine linksradikale Terrorgruppe, die »Bewegung 2. Juni«, nach jener Tatzeit. Jetzt präsentiert sich der Anfang von alldem in völlig neuem Licht und die Frage, ob die Geschichte der 1968er-Bewegung neu geschrieben werden müsse, hat das deutsche Feuilleton wochenlang beschäftigt.

Eines frühherbstlichen Tages bin ich beim wissenschaftlichen Dienst der Birthler-Behörde angesagt. Ein gewisses Stasi-Flair umfängt einen auch heute noch gleich beim Betreten des Gebäudes. Der schmucklose, in Grau und Braun gehaltene Eingangsbereich, die düstere Portierloge, das atmet schon ein wenig den Geist von einst. Aber dann geht es doch ganz gegenwärtig weiter. Der Portier, ein freundlicher, aber distanziert wirkender älterer Herr, wünscht einen Ausweis zu sehen. Ich reiche ihm meinen österreichischen Reisepass. Denn blättert er von hinten beginnend durch, bis er ein Foto entdeckt. Das ist nun gerade nicht die wichtigste Seite meines Passes, das Foto gehört zu meinem Journalistenvisum für die USA, das an dieser Stelle ganzseitig im Reisepass klebt. Aber der Herr sieht das Foto, sieht eine Nummer, die darunter steht, und etwas, was wie ein Name aussieht. Er ist zufrieden, füllt einen Passierschein aus und setzt einen Telefonanruf nach oben ab: »Herr Wunschik, Herr Vienna ist für Sie da.«

Ich muss in meiner Verblüffung kurz überlegen, aber als mir der Portier den Passierschein überreicht, ist alles klar: Der Herr hat den Ausstellungsort meines US-Visums für meinen Namen gehalten. »Place of Issue: Vienna« steht dort. Den hätten sie seinerzeit bei der Stasi sicher nicht genommen, denke ich mir beim Weitergehen. Zumindest an dieser Stelle scheint die Behörde die personellen Fesseln von einst ganz abgeschüttelt zu haben.

Es gibt allerdings wirklich noch eine Handvoll von ehemaligen Stasi-Leuten, die ganz offiziell und mit dem Wissen der obersten Stellen in der Birthler-Behörde arbeiten. Sie sind nämlich die Einzigen, die das komplizierte Kartei- und Archivsystem noch von früher her im Griff haben. Auch 20 Jahre nach der Wende wäre jeder andere damit völlig überfordert, würden Geheimnisse für immer bewahrt bleiben, weil ihnen rein physisch niemand auf die Spur kommen könnte. Dass dem nicht so ist, dafür sorgen jetzt ausgerechnet die ehemaligen Stasi-Leute im Haus.

Aber ich bin bei meinem Besuch in der Stasi-Unterlagen-Behörde noch einer ganz anderen Groteske auf der Spur. Ich bin dort verabredet mit Tobias Wunschik, einem jungen Historiker, der ein spannendes Spezialgebiet beackert. Tobias Wunschik ist der Mann, der den besten Überblick über ein Spezialkapitel jener Jahre hat, in denen der westdeutsche Staat den Terroristen der Roten Armee Fraktion nachjagte. Wie vom Erdboden verschluckt schienen manche, dabei waren einige von ihnen fast buchstäblich nur ein Häuschen weiter gezogen. Die DDR hatte sie aufgenommen, ihnen neue Papiere und neue Lebensgeschichten besorgt, sie in DDR-Betriebe gesteckt und sie natürlich auch unter den fürsorglichen Belagerungsschirm der Stasi gestellt.

Wie kam ausgerechnet die DDR dazu, einer ziemlich wirrköpfigen Bewegung Schutz zu bieten, in der Gewissheit, dass die Entdeckung dieses Vorgehens einen internationalen Skandal ersten Ranges produziert hätte?

Tobias Wunschik lächelt fein und serviert seine These: »Erich Mielke, der alte Spanienkämpfer, erwog ernstlich, die

RAF im Fall eine Krieges zwischen Ost- und Westdeutschland im Westen einzusetzen, als eine Guerillatruppe für Sabotageakte hinter den feindlichen Linien.« Erich Mielke war jahrzehntelang der mächtige Chef der Stasi. Aber mit dieser Idee hatte er sich auch im Apparat nicht viele Freunde gemacht. Tobias Wunschik hat herausgefunden, dass die RAF-Leute selbst den auf Klassenkampf eingeschworenen Genossen im Stasi-Apparat ganz und gar nicht geheuer waren. »Die Stasi-Offiziere waren meist recht spießig, vor allem die Thesen der RAF zur sexuellen Befreiung des Menschen stießen bei ihnen auf ziemlichen Widerwillen«, resümiert Wunschik mit schelmischem Lächeln. Und ganz dicht war selbst im DDR-Gefüge kein Schutzschirm – immer wieder wurde unter den Arbeitskollegen der aus dem Westen importierten Terroristen getuschelt, immer wieder mussten mit großem Aufwand Identitäten umgeschneidert, neue Wohnorte und Arbeitsstellen gefunden werden. Das Programm wurde zum Mühlstein, den die DDR bis zu ihrem Ende um den Hals hatte.

Zu seinem Forschungsgebiet ist Tobias Wunschik auf einem Umweg gekommen. Denn eigentlich wollte er in einer Arbeitsgruppe erforschen, wie in den Jahren des RAF-Terrors die Krisenstäbe funktioniert haben, vor allem jener, der im »Deutschen Herbst« 1977 im Bundeskanzleramt tagte. Es waren die Tage, in denen der RAF-Terror auf dem Höhepunkt war, als die Entführung von Arbeitgeberpräsident Hans-Martin Schleyer, und die Entführung und Odyssee der Lufthansa-Maschine »Landshut« Deutschland in Atem hielten. Das alles gipfelte schließlich im Sturm auf die Maschine, in der Befreiung der Geiseln, im Selbstmord der RAF-Spitze im Gefängnis Stuttgart-Stammheim und in Schleyers Ermordung. Aber was die Krisenstäbe anbelangt, etwa die immer wieder kolportierte Frage, ob damals auch »Maßnahmen jenseits des Rechtsstaats« erwogen worden waren wie etwa die Misshandlung oder gar Erschießung von RAF-Geiseln in staatlicher Hand (wofür es nur gerüchteweise Anhaltspunkte gibt), da musste Tobias Wunschik bald zurückstecken. Sein feines Lächeln blitzt wieder auf: »Da sind sehr viele Unterlagen noch nicht freigegeben.« Ganz im Gegensatz zu den DDR-Akten, mit denen er jetzt beschäftigt ist, sofern sie in den letzten Tagen der Stasi vom Reißwolf verschont geblieben sind.

Schlechtes Gewissen

Es ist die Gelassenheit des Aussteigers, mit der Hubert Kleinert an die Dinge herangeht. Ausgestiegen ist er schon vor ziemlich langer Zeit, nicht ganz freiwillig war das damals. Er war in den Achtzigerjahren einer der wichtigsten Leute bei den Grünen, Weggefährte von Joschka Fischer und Otto Schily, die beide später in der rot-grünen Regierung zu Ministerwürden aufstiegen. Hubert Kleinert hingegen, der einmal parlamentarischer Geschäftsführer der Grünen-Fraktion war, flog im Herbst 1990 aus dem Bundestag, weil die Grünen damals eine der schwersten Wahlniederlagen ihrer Geschichte kassierten. Er hat später noch in der hessischen Landespolitik mitgemischt, aber seit sieben Jahren ist er nur noch professioneller Beobachter des Geschehens, als Professor für Politikwissenschaft an der Hochschule für höhere Beamte des Landes Hessen in Gießen.

Wenn er in Berlin ist, dann sitzt er gerne im Café Einstein Unter den Linden. Dort, wo sich Leute aus dem Berliner Politikbetrieb besonders gerne dann treffen, wenn es alle sehen dürfen und vielleicht auch sollen. Es ist ein wunderschöner Frühsommertag, wir sitzen draußen, mit Blick auf die Vorbeiflanierenden am Boulevard. »Sehen Sie, da ist gerade Thomas Bach vorbeigegangen, der Chef des Deutschen Olympischen Sportbundes«, bemerkt er zwischendurch. Sport ist seit Jugendtagen seine große Passion. Seinerzeit vor Google und Wikipedia war er Suchmaschine und Lexikon in einem, wenn es um längst vergangene Sportereignisse ging. Er hatte die Resultate aus Jahrzehnten im Kopf: Bundesliga, Welt- und Europameisterschaften, sogar Weltcup-Ergebnisse aus dem in Deutschland nicht sonderlich populären Schirennsport. Hubert Kleinert hat sie alle in seinem phänomenalen Gedächtnis gespeichert. In der Bonner Politkneipe »Gambrinus« konnte er ganze Runden stundenlang mit Sportanekdoten unterhalten.

Zwei Tage vor unserem Treffen hat der Chef des Deutschen Gewerkschaftsbundes, Michael Sommer, vor sozialen Unruhen in Deutschland gewarnt. Der drohende wirtschaftliche Absturz, so Sommer, ließe sich in seinem Ausmaß mit dem Beginn der Dreißigerjahre vergleichen, »mit den bekannten Folgen«. Damit meint er das Erstarken des Nationalsozialismus und das Ende der Demokratie in Deutschland. Das war schon ziemlich starker Tobak. Eigentlich ging es Sommer nur darum, vor einem Gipfeltreffen im Kanzleramt Stimmung für weitere Konjunkturhilfen durch den Staat zu machen, aber die Äußerung wies über ihren Anlass weit hinaus. Einen Tag später meinte dann auch Gesine Schwan, Universitätsrektorin und SPD-Kandidatin für das Bundespräsidentenamt, die Wut der Menschen könnte sich im Lauf von ein paar Monaten entladen.

Hubert Kleinert, der gerne zugibt, in seiner Jugend durch eine »marxistische Sozialisation« gegangen zu sein, erscheint mir als der richtige Ansprechpartner. »Glauben Sie das auch?«, frage ich ihn. »Glauben Sie an die Möglichkeit von Aufständen in Deutschland?« Hubert Kleinert führt heute eine völlig bürgerliche Existenz, aber mit den Bewegungen seiner jungen Tage verbindet ihn noch ein Accessoire: die filterlose Zigarette der Marke »Roth-Händle«, an der er erst einmal lange zieht, bevor er, langsam und nachdenklich, meint: »Sehr schwierige Frage.«

Für den Versuch einer Antwort holt er lange aus: »Ich glaube, dass die Gesellschaftsanalyse der 68er-Bewegung auf die heutige Gesellschaft eigentlich noch viel eher zutrifft als auf die Gesellschaft des Jahres 1968. Der zugerichtete Mensch im Sinne von Herbert Marcuse! Das ist doch heute noch viel passender!« Damit ist die Vorstellung gemeint, dass sich das System die Menschen möglichst passend und gefügig hält, auch dadurch, dass es ihnen ein vergnügliches Leben bereitet.

»Man könnte ja auch ›Brot und Spiele‹ sagen«, meint Hubert Kleinert dann. Als alter Sportfan hat er auch gleich ein passendes Beispiel aus der Welt des Fußballs parat. »Schauen Sie sich einmal das viele Geld an, das VW in den VfL Wolfsburg steckt. Die würden doch viel eher ein paar Hundert Leute entlassen, bevor sie etwas weniger für den Verein und seine Spieler ausgeben. Und was macht dann ein VW-Arbeiter, der arbeitslos geworden ist? Er kassiert die Stütze, kauft sich vom letzten Geld eine VfL-Fahne und geht ins Stadion!« Professor Kleinert zieht noch einmal an seiner »Roth-Händle« und sagt dann: »Die Leute werden stillgestellt durch billige Vergnügungen.« Dazu zählt er auch noch die pausenlos laufenden Fernsehshows, die jedem Arbeitslosen Gelegenheit zu preisgünstigem Zeitvertreib bieten.

Nun gibt es Fußballklubs und banale Fernsehshows auch in Frankreich, wo Demonstrationen gerne gewalttätig ausarten, wo Arbeiter immer wieder Firmenchefs in Geiselhaft nehmen, wenn die Firma in den Krisenstrudel gerät. Aber da komme eben auch eine andere deutsche Eigenheit zum Tragen. »Das hat bei uns keine Tradition«, meint Kleinert, »die Leute bleiben bei uns gerne in den Grenzen des Bürgerlichen Gesetzbuches.«

Wir sitzen im ehemaligen Ostberlin und von unserem Sitzplatz aus könnten wir zum Brandenburger Tor hinüberschauen, wenn nicht gerade eine große U-Bahn-Baustelle den Weg versperrte. »Das wurmt mich noch bis zu meinem Tode«, sagt Hubert Kleinert und auf einmal ist sein ganzes Gesicht bis zur hohen Stirn hinauf ein einziger Ausdruck von schlechtem Gewissen. »Dass ich da nicht zugestimmt habe.« Aus Fraktionsdisziplin hat er damals, im Jahr 1990, gegen den

Einigungsvertrag gestimmt, obwohl er im Herzen nichts gegen die Wiedervereinigung Deutschlands hatte. »Die Kritik an der Vereinigung hatte ja etwas Berechtigtes. Man hätte sagen können, ich bin für die Vereinigung, aber nicht so! Man hätte Bedenken formulieren können, aber trotzdem dafür stimmen müssen.« Deutlich sichtbar nagt in ihm das Gefühl, in einer historischen Situation nicht das getan zu haben, was heute als völlig logischer und gebotener Schritt erscheint. »Das war ja schließlich nicht irgendeine Abstimmung über Änderungen im Steuerrecht.« Aber damals hat man eben vieles anders gesehen, vor allem in einer noch sehr jungen Partei wie den Grünen, denen oft in der eigenen Lebenspraxis die Beziehung zum »anderen« Deutschland völlig fehlte. »Unserer Generation war Italien näher als der Osten«, meint er, und etwas anderes war da auch noch im Spiel, eine weitere historische Last. »Es gab bei den Grünen damals die weitverbreitete Auffassung, die Teilung Deutschlands sei nun einmal die Strafe für Auschwitz gewesen.« Die Vorstellung, man hätte Deutschlands Teilung gleichsam als Sühnezeichen für die Schandtaten des Nationalsozialismus aufrechterhalten müssen, hat heute etwas Befremdliches. Damals war sie salonfähig, auch unter Intellektuellen wie etwa Günter Grass.

Schon Monate zuvor, beim Fall der Berliner Mauer, hatten die Grünen im Bundestag vor laufenden Kameras ihre tiefe Skepsis und ihre innere Zerrissenheit offenbart. Mitten in eine Debatte über die Rentenreform war die Nachricht von Günter Schabowskis denkwürdiger Pressekonferenz geplatzt, Kanzleramtsminister Rudolf Seiters hatte in einer kurzen Erklärung von einem »Schritt von überragender Bedeutung« gesprochen. Wenig später begannen Abgeordnete, zuerst auf der Seite der CDU, sich zu erheben – die dritte Strophe des Deutschlandliedes, die Hymne der Bundesrepublik Deutschland, auf den Lippen. Nach und nach stimmten alle in den Chor ein. Alle? Nein. »Ein paar von uns Grünen sind gleich aus dem Saal gelaufen, als es losging«, erinnert sich Hubert Kleinert. »Aber Leuten wie mir war klar, das kann man so nicht bringen. Da muss man aufstehen, da muss man Respekt ausdrücken. Aufgestanden ist er, mitgesungen hat er nicht – eine Art persönlicher Minimalkompromiss.

Es war ja nicht so, dass die Grünen keinerlei Freude über den Fall der Mauer empfunden hätten. Aber der Zeitgeist war damals auf Distanz zu den deutschen Nationalsymbolen wie Fahne und Hymne bedacht, vor allem bei der skeptischen jungen Generation. Damit erwiesen sich die Grünen jedoch von dieser Stunde an als Zweifler und Bremser, während Helmut Kohl schon bald alle Weichen in Richtung auf eine rasche Vereinigung stellen ließ und mit vollem Elan darauf hinarbeitete. »Und so sind wir zu Zaungästen einer Entwicklung geworden«, meint Hubert Kleinert versonnen. Die Wahlschlappe im Herbst 1990 war die Rechnung dafür. Den Bundestag kennt Hubert Kleinert seither nur noch von außen.

Seine Bilanz über 19 Jahre deutscher Einheit fällt relativ freundlich aus, was die großen politischen Linien betrifft. »Dass so ein historischer Prozess nicht glatt verlaufen kann, ist klar«, sagt er. »Natürlich wurden viele Fehler gemacht, aber keine Fehler, die leicht vermeidbar gewesen wären.« Die Währungsumstellung sei wirtschaftlich ein Irrsinn gewesen, aber politisch durch die Verhältnisse erzwungen worden. Was aber noch dazukommt: Helmut Kohl hätte zu viel Angst vor den Westdeutschen gehabt, hätte sie daher zu lange über die wahren Kosten der Einheit im Unklaren gelassen. »Und dann noch das ständige Gequatsche von den blühenden Landschaften.« Leichtfertig sei das gewesen, findet Kleinert.

Dann, nach einem weiteren Zug an der filterlosen »Roth-

Händle«, kommt er auf die menschliche Seite zu sprechen, auf die Art und Weise, in der Menschen in Ost und West die Lage nach der Vereinigung empfunden hätten. »Es ist nicht gelungen, Gerechtigkeit zu schaffen«, meint Kleinert. Und wieder illustriert er das mit einem Beispiel aus seiner geliebten Sportwelt. »Bei den Olympischen Spielen in Seoul 1988 hat keiner gewonnen, der nicht bis in die Haarspitzen gedopt gewesen wäre, egal, ob aus Ost- oder aus Westdeutschland.« Und dennoch hätte man nach der Vereinigung nur die Doping-belasteten Trainer aus den Sportstätten des Ostens entlassen. Denen im Westen, die es genauso bunt getrieben hätten, sei nichts passiert.

In Hubert Kleinerts Seminaren an der hessischen Verwaltungshochschule tauchen dann und wann auch junge Leute aus dem Osten auf, die in den hessischen Behörden Karriere machen wollen. Die meisten von ihnen sind Frauen, die ihm versichern, sie wären gerne in Ostdeutschland geblieben, dort gebe es aber nun einmal gar keine Chancen. Aber noch heute ist es so, dass den Westdeutschen das Gespür für die Lage im Osten weitgehend fehlt. »Für die Westdeutschen spielt der Osten kaum eine Rolle«, resümiert Kleinert. Die Westdeutschen haben sich nie überlegt, was es heißt, wenn 80 Prozent der Bevölkerung entweder auf einen neuen Arbeitsplatz wechseln müssen oder überhaupt keinen mehr haben. Und dass die Linkspartei, vormals PDS, vormals SED, im Osten so erfolgreich unterwegs ist, trotz ihrer Wurzeln in der unrühmlichen Diktatur, das liege auch dran, dass keine der anderen Parteien auf ein »DDR-Lebensgefühl« Rücksicht genommen hätte. »Ihr könnt stolz sein auf euer Leben«, das würde eben nur die Linke den Leuten sagen, meint der Politologe.

Dass die Vereinigung nicht allen »Westlern« ein Herzensanliegen war, hat Hubert Kleinert auch in der Hauptstadt Berlin erlebt. Es war lange nach Mauerfall und Wiedervereinigung, Anfang der Neunzigerjahre, da stieg er am Flughafen Berlin-Tegel in ein Taxi und nannte dem Fahrer die Adresse seines Hotels. »Kenn ick nich!«, schnaubte der Angesprochene. Kleinert wiederholte seine Angaben, schon etwas ungehalten. »Is det vielleicht im Osten?«, entfuhr es barsch dem Taxler. Könnte sein, meinte der schon etwas verunsicherte Gast aus Gießen. Die Antwort kam sehr schnell und laut: »Ick will Ihn'n mal wat sajen. Da fahr ick jar nich jerne hin!«

Mauer wieder her

Auch mir ist schon kurz nach der Wiedervereinigung ein Westberliner Taxifahrer begegnet, der meinte: »Wissen Se, uns wär's am liebsten, die würden die Mauer wieder aufstellen.« Es war der Verdruss über den plötzlichen Verlust der Übersichtlichkeit, mit dem viele der Einwohner Westberlins nun zu kämpfen hatten – und den Verlust einer zwar prekären, aber auch privilegierten Stellung an der Frontlinie des Kalten Krieges.

Nun sind 20 Jahre vergangen seit dem Mauerfall und der Taxifahrer von einst hat sicher umgedacht, hat sich an das neue, große und ungeteilte Berlin gewöhnt, oder? Na – wetten wir lieber nicht drauf. Ich habe eine Bekannte, Akademikerin aus dem Südwesten Berlins, aufgewachsen auf der Westseite der Mauer. Wenn ich mit ihr rede, fühle ich mich manchmal wie ein vagabundierender Abenteurer. So beiläufig habe ich einmal erwähnt, ich hätte mit meinen Kindern einen kleinen Ausflug gemacht, hinein ins Zentrum, die Friedrichstraße hinunter und beim Boulevard Unter den Linden hin zum Brandenburger Tor. Ihr Blick ließ reine Fassungslosigkeit erkennen. »Was, da seid ihr hingefahren?« Es gibt nichts Harmloseres als diese unsere Ausflugsroute, schließlich lernen auch die meisten Berlin-Touristen die Stadt zuerst auf diesen Wegen kennen. Aber meine westberlinerisch sozialisierte Bekannte hat den Verlauf der Mauer noch immer geistig verinnerlicht und die Friedrichstraße, die liegt nun einmal in ihrer subjektiven Geografie immer noch »drüben«, im Osten. Nach ein paar Gläsern Wein in geselliger Runde kann man dann auch von ihr den Satz hören: »Von mir aus könnten die die Mauer ruhig wieder aufstellen ...«

Die Westberliner hatten es nicht gerade leicht auf ihrer

mit Mauer und Stacheldraht umgebenen Insel, mitten im DDR-Gebiet. Wenn sie die Stadt verlassen wollten, ging das auf dem Landweg nur über streng bewachte Transitstrecken. Das Bewusstsein, dass sowjetische Panzer imstande gewesen wären, in rund sieben Fahrminuten den Kurfürstendamm zu erreichen, ließ die Westberliner auch nie so ganz los, obwohl man sich relativ sicher sein konnte, dass ein solcher Vorstoß nicht kommen würde, denn er hätte mit einiger Wahrscheinlichkeit zu einer nuklearen Konfrontation der Supermächte geführt.

Aber das latente Gefühl der Unsicherheit war eben auch der Grund, aus dem die Westberliner Anspruch auf die »Zitterprämie« erheben konnten. Zehn Prozent des Bruttogehalts legte der Staat für jeden Berliner Lohnempfänger drauf, netto konnten da zwölf Prozent und mehr herausschauen. Auch die Berliner Stadtkasse wurde aus Bundesmitteln kräftig aufgestockt. Und für Firmen, die in Berlin produzierten, gab es Prämien vom Staat, die sich nach den Umsätzen richteten: Wer in Westberlin Schrauben produzierte, der bekam rund zehn Prozent vom Preis als Steuernachlass gutgeschrieben, und wer sie ihm abkaufte, der durfte auch noch Steuer sparen, etwas mehr als vier Prozent.

Lebenskünstler konnten dann auch noch von einer weiteren Besonderheit des Kalten Krieges profitieren. Der Berliner Senat hatte nämlich Notlager mit Vorräten angelegt, die sogenannte Senatsreserve. Fast ein Jahr lang hatte die Sowjetunion die Zugangswege zu den Westsektoren Berlins gesperrt, in den Tagen der Berlin-Blockade 1948/49. Es war die Zeit, in der die Westalliierten Berlin über die legendäre Luftbrücke mit dem Nötigsten an Nahrung und Brennstoff versorgten. Die Senatsreserve diente als Vorsichtsmaßnahme für den Wiederholungsfall. An geheimen Standorten hatte der Berliner Senat Nahrungsmittel, Benzin und vieles andere gehortet, bis hin zu Nachttöpfen und Unmengen von Fensterglas für den Fall, dass kriegsbedingte Druckwellen die Scheiben zerstört hätten. Die Nahrungsmittelreserven mussten regelmäßig erneuert werden, die alten Fleischkonserven wurden spottbillig an die Bevölkerung abgegeben. Man konnte aus dem Büchsenfleisch ein Gericht namens »Moppelkotze« herstellen. Nach dem Geschmack desselben habe ich mich angesichts des Namens gar nicht mehr erkundigt.

Nun ist es nicht so, dass die Westberliner ausgerechnet ihrer »Moppelkotze« nachtrauern. Und würden Väterchen Chruschtschow und Genosse Ulbricht aus ihren Gräbern steigen und sich anschicken, die Berliner Mauer tatsächlich wieder zu errichten, dann würden ihnen auch die eingefleischtesten Westberliner Einhalt gebieten. Aber auch der Westen hatte seine Anpassungsschwierigkeiten an die neue Zeit. Die Westberliner lagen zwischen den Extremen: Für fast alle im früheren DDR-Gebiet änderten sich die Lebensverhältnisse nach der Vereinigung total, für fast alle Westdeutschen blieben sie einigermaßen stabil. Die Westberliner dazwischen mussten sich anpassen an Zeiten ohne »Zitterprämie« und Umsatzförderung, sie fielen aus ihrer Rolle als Botschafter der Freiheit mitten im Territorium des Gegners.

Eine Bevölkerungsgruppe in Westberlin hat darunter bis heute besonders stark zu leiden, obwohl sie nicht genuin mit deutsch-deutschen Befindlichkeiten zu tun hat: die Migranten, vor allem aus der Türkei. Kenan Kolat, ein freundlicher Mann mittleren Alters, ist Berliner, deutsch-türkischer Doppelstaatsbürger und Vorsitzender der Türkischen Gemeinde Deutschlands. Seine exzellenten Deutschkenntnisse hat er schon zu Hause in Istanbul erworben, am österreichischen Gymnasium, dem St.-Georgs-Kolleg. Er spricht von der Entwicklung, die einsetzte, als die Berlin-Prämien auf die Löhne wegfielen, als die Industriebetriebe keine Prämien mehr bekamen, wenn sie in Berlin produzierten. In dieser Zeit sind vor allem die einfachen Arbeiten verschwunden. Viele davon hatten gering qualifizierte Türken ausgeführt. Kenan Kolat resümiert trocken: »Von 1989 bis 2004 sind in Berlin 350.000 Arbeitsplätze weggefallen. Noch heute haben wir bei den Türken in Berlin eine immens hohe Arbeitslosigkeit, fast jeder zweite ist ohne Arbeit.« Und dann spricht er ein großes Wort bedächtig, aber sehr ernst aus: »Die Berliner Mauer ist auf die Türken gefallen.«

Ruinenbaumeister

Die alte DDR-Hymne hatte einen Text von Johannes R. Becher und begann mit den Worten »Auferstanden aus Ruinen«. Diese Worte durften allerdings seit 1972 nicht mehr offiziell gesungen werden, denn etwas weiter im Text war auch von »Deutschland, einig Vaterland« die Rede und das missfiel Erich Honecker. Den Anspruch, einen sozialistischen Staat in ganz Deutschland zu errichten, hatte die DDR nicht mehr. Im Grundlagenvertrag mit der Bundesrepublik war damals die gegenseitige Achtung der beiden deutschen Staaten festgeschrieben worden und deutlicher als zuvor hätte da ein Appell an »Deutschland, einig Vaterland« eher Gedanken an eine Vereinigung unter westlichen Auspizien erwecken können. So mussten die Offiziellen der DDR in den letzten 17 Jahren ihres Bestehens stets würdig und stumm dreinblicken, wenn die DDR-Hymne gespielt wurde. Ein Mitsingen war unerwünscht.

Aber auch der erste Passus des Becher-Textes hätte zu DDR-Zeiten einigen Anstoß erregen können, denn mit dem Auferstehen aus den Ruinen des Zweiten Weltkrieges war es nicht überall zum Besten bestellt. Die DDR verfügte weder über die Mittel noch über die strukturelle Effizienz, um den Wiederaufbau nach dem Krieg in ähnlichem Tempo wie der Westen anzugehen. Es gab Renommierprojekte wie die komplette Restaurierung der Semper-Oper in Dresden, aber es gab auch viele Provisorien und Projekte, die, nur notdürftig versorgt, in vorläufigen Stadien verharrten.

Einen der größten verbliebenen Trümmerhaufen aus Kriegszeiten konnte jeder S-Bahn-Fahrer bestaunen, der auf der viel befahrenen Hochbahnstrecke zwischen den Bahnhöfen Friedrichstraße und Alexanderplatz unterwegs war: Auf der Museumsinsel, mitten im Herzen der Stadt, lagen einige der wichtigsten Bauten ganz oder teilweise zerstört danieder. Auch im vereinigten Berlin hatte die Museumsinsel zunächst nicht die allererste Priorität und so spielte eine der markantesten Kriegsruinen, jene des Neuen Museums, noch lange ihre unfreiwillige Rolle als stummes Mahnmal für überwundene Zeiten.

Bundeskanzler Schröder hatte vielleicht eine Anleihe bei US-Präsident John F. Kennedy genommen, der 1962 die Nation dazu mobilisierte, bis zum Ende der Sechzigerjahre einen Menschen auf den Mond zu schicken. Jedenfalls verkündete Schröder 1999, in zehn Jahren sollten die Berliner wieder über eine komplett restaurierte Museumsinsel verfügen können. Schröders Zielsetzung ist, im Gegensatz zu jener Kennedys, nicht voll aufgegangen, aber immerhin ist jetzt, zehn Jahre danach, ein Punkt erreicht, an dem der Zweite Weltkrieg dort nicht mehr jedem S-Bahn-Fahrer den trümmerhaften Spiegel der Erinnerung vor Augen hält.

An einem trüben Februartag des Jahres 2009 hat man uns Journalisten zum ersten Mal in die ehemalige Ruine eingelassen, die zum größten und ehrgeizigsten, aber auch zum umstrittensten Wiederaufbauprojekt auf der Museumsinsel geworden war. Das Neue Museum, der Prachtbau des königlich preußischen Hofbaurates Friedrich August Stüler, wird wieder eröffnet. Die Kontroverse, die jahrelang um dieses Gebäude tobte, ist sinnbildlich für so vieles, was sich in den letzten Jahren in Berlin abgespielt hat. Es geht dabei immer wieder auch um die Frage, ob alte Zeiten wirklich gute Zeiten waren und wie weit man denn in die alten Zeiten zurückzugehen hätte, um auf das zu bewahrende »Wahre, Gute und Schöne« zu stoßen.

Hofbaurat Stüler hatte 1841 vom Preußenkönig Friedrich Wilhelm IV. den Auftrag bekommen, einen neuen Museumsbau zu errichten. Das Alte Museum auf der Insel platzte damals nur kurz nach seiner Eröffnung schon aus allen Nähten. Was seine Materialien angeht, so hat Stüler schon damals recht modern gebaut. Er setzte viele Eisenträger in das Gebäude, er baute eine leichte Dachkonstruktion aus Holz ein und hielt die verputzte Ziegelfassade sehr schlicht. Im Inneren brach sich dann aber doch der Geist des damals regierenden Klassizismus freie Bahn. So wurden die Räume der Ägyptischen Sammlung üppig dekoriert, mit Wandmalereien, die von ägyptischen Motiven nur so strotzten. Ein stimmiger Hintergrund für die Präsentation echter Schätze des Altertums, so dachte man damals. Aber schon am Beginn des 20. Jahrhunderts konnte man mit nachgemachter Antike nicht mehr viel anfangen, baute große weiße Wände und Decken ein, um die Exponate aus dem alten Ägypten vor neutraler Kulisse wirken zu lassen.

Es ist die laufende Änderung von Zeitgeist und Geschmack, auch in früheren Zeiten, die dem Architekten David Chipperfield bei seinem Wiederaufbauprojekt sehr viel abverlangt hat. Denn es hat, wie überall auf der Welt, auch hier nicht an Traditionalisten gefehlt, die einen »originalgetreuen Wiederaufbau« des Neuen Museums verlangten. Welches »Original« hätte Chipperfield wiederherstellen sollen? Den Zustand, in dem sich das Haus am Eröffnungstag präsentiert hat, seinerzeit 1855? Oder jenen, in dem es sich nach den vielen Ein- und Umbauten befand, bevor es 1939 kriegsbedingt zu- und 60 Jahre lang nicht mehr aufgesperrt wurde?

David Chipperfield wirkt ruhig und bedächtig, als er mit uns durch die Museumsräume streift. Er ist Engländer, Mittfünfziger, hat bei den Architekturgrößen Richard Rogers und Norman Foster gelernt und ist vor allem für seine Museumsbauten weltweit bekannt. Er trägt die Uniform der Architekten-Internationale: schwarzes Hemd, schwarzer Schal, schwarzer, einfacher, aber erkennbar teurer Anzug aus dickem, grobem Wollstoff. Seine Worte wählt er langsam und sorgfältig. Zwölf Jahre hat er sich mit dem Bau befasst, stets unter Dauerbeschuss aus dem Traditionalistenlager: Das alte, prunkvolle Treppenhaus muss wieder her! Die Originalfresken müssen wieder her! Die zerstörten Teile müssen wieder genauso dastehen wie zu Kaisers Zeiten! Nichts von alldem tat Meister Chipperfield. Er tat aber auch das andere nicht. Er setzte sich nicht über das Gebäude hinweg, baute nichts Wesensfremdes an oder ein. Nein, er folgte einem ganz eigenen Weg. Was unrettbar verloren ist, das hat er glattweg aufgegeben. Er hätte es nicht müssen. Wilhelm von Kaulbachs Originalentwürfe für die Fresken im Treppenhaus sind noch erhalten, eine Rekonstruktion wäre möglich gewesen. Aber das hätte nur einen falschen Schein von Authentizität bewirkt.

Und so ließ er bewahren, was noch zu bewahren war. Die bunten, falschen Hieroglyphen im ägyptischen Teil glänzen wieder an der Wand, akribisch restauriert bis ins letzte Detail. Aber das, was weg ist, ist weg. Wo nach Kriegszerstörungen oder langer Verwitterung Löcher klafften, wurden nackte Wände eingesetzt, aus teurem, aber unauffälligem Material, meist speziell gebrannte Ziegel oder mit Marmor und Weißzement verfeinerter Beton. Den Respekt vor dem geschichtlichen Erbe legte David Chipperfield auf besondere Weise aus: Mitten im Treppenhaus, wo jeder Besucher vorbeikommt, klaffen sie noch in der Wand: die Einschusslöcher großkalibriger Geschosse aus dem Zweiten Weltkrieg. Sie wurden nicht zugespachtelt, sondern bis in jede Verästelung hinein versiegelt und damit konserviert.

»Das ist ja eigentlich kein neues Konzept«, sagt David Chipperfield in langsamem, von Nachdenklichkeit geprägtem Englisch. »Wir tun eigentlich nichts anderes als das, was man beim Restaurieren von antiker Kunst macht. Da ist etwas zerstört. Man hat sich die Zerstörung nicht gewünscht, man will die unzerstörten Teile erhalten. Und jetzt geht es darum, den Schaden abzumildern, und in diesem Prozess entsteht dann vielleicht etwas Neues, was den Verlust aufwiegen kann.«

Und dann meint er noch: »Wir haben mit diesem Bau ein ganz besonderes Gewebe geerbt, eine seltsame Kombination aus Zerstörung und Schönheit.«

Die Zerstörung ist jetzt behoben. Aber dass die Zeit in Berlin nie spurlos an irgendetwas vorbeigehen kann, das hat David Chipperfield auf ganz eigene und in aller Schönheit fühlbare Weise dokumentiert.

Chipperfield hatte eine Chance, die sein Kollege Franco Stella nie bekommen wird. Stella wurde ausersehen, ein Projekt zu realisieren, das viel größer, viel teuer und noch viel umstrittener als der Museumsbau ausfallen wird. Aber er wurde dabei in ein Konzept gepresst, das seine künstlerische Freiheit enorm einschränkt.

Es geht um den Neubau des Berliner Schlosses, des alten Stadtschlosses der Hohenzollern. Als Kurfürsten von Brandenburg, als Preußenkönige und dann als Deutsche Kaiser haben sie dort gelebt und regiert, in ihrem prächtigen Barockschloss auf der Spreeinsel. Was später zur Prachtstraße Unter den Linden wurde, das war ursprünglich der Reitweg der Hohenzollern, vom Schloss hinaus in ihr Jagdrevier, den Tiergarten, draußen vor dem heutigen Brandenburger Tor.

Generationen von Hohenzollern haben ihre Staatsfinanzen ruiniert, um das Schloss immer größer und prächtiger werden zu lassen. Die Barockarchitekten Andreas Schlüter und Johann Eosander von Göthe gaben dem Bau die Grundzüge seiner heutigen Gestalt, später setzte der vom Neuen Museum her bekannte Hofbaurat Stüler noch die große Kuppel drauf.

Das Schloss war ein sehr lebendiges Wahrzeichen der Stadt, denn immer wieder wurde es zum Brennpunkt politischer Geschehnisse. Vom Balkon des Stadtschlosses redete Preußenkönig Friedrich Wilhelm IV. im Jahr 1948 auf revoltierende Berliner ein, im August 1914 rief Kaiser Wilhelm II. vom Balkon aus die Deutschen auf, in den Ersten Weltkrieg zu ziehen, und vier Jahre später folgte der ultimative revolutionäre Akt: Da stand Karl Liebknecht auf dem Balkon des Schlosses und rief die Sozialistische Republik aus. Ein anderer war ihm allerdings um zwei Stunden zuvorgekommen: der SPD-Politiker Philipp Scheidemann hatte die deutsche Republik schon vom Reichstag aus proklamiert.

Das Schloss wurde im Zweiten Weltkrieg schwer beschädigt, doch seine Struktur blieb im Wesentlichen intakt. Eine Restaurierung wäre möglich gewesen, aber die DDR hatte gerade in ihren Anfangsjahren keinerlei Interesse daran, sich zu ihren preußischen Wurzeln zu bekennen. Als Symbol des »preußischen Militarismus« galt der barocke Prachtbau und Walter Ulbricht sprach sein entsprechend gefärbtes Urteil: Der Palast wurde gesprengt, der Schutt entfernt und es entstand ein großer Aufmarschplatz für die jenseits des Eisernen Vorhanges so beliebten Massenveranstaltungen. Nur den Balkon, auf dem Liebknecht seine verspätete Revolution ausrief, ließen die DDR-Oberen zuvor aus dem Schloss herausholen, er wurde dann in den Neubau des DDR-Staatsratsgebäudes hineingeklebt.

Es dauerte bis in die Siebzigerjahre, bis die DDR mit ihrer Alternative zum Hohenzollernbau hervortrat: Der Palast der Republik entstand, ein ziemlich monströses Gebilde aus Marmor, Stahl und Glas, ein Gebäude allerdings, das viele ehemalige DDR-Bürger in recht guter Erinnerung behalten haben. Denn einerseits tagte dort die Volkskammer, das weitgehend machtlose Marionettenparlament der DDR, andererseits gab es dort auch Konzerte, Ausstellungen, Restaurants, Bars und eine Bowlingbahn im Keller. Die bronzefarben verspiegelte Glasfassade mit dem DDR-Emblem strahlte einen gewissen hauptstädtisch-modernen Chic aus und galt als beliebter Hintergrund, wenn sich frisch verheiratete Paare fotografieren ließen. Nüchtern betrachtet konnte man in den Siebzigerjahren im Westen mindestens genauso hässlich bauen. Das Aussehen des gerne als »Palazzo prozzo« geschmähten Gebäudes hätte also noch nicht unbedingt seinen Todesstoß bedeuten müssen im vereinten Deutschland von heute.

Aber es kam eben die Tatsache dazu, dass der Palast der Republik mit voller Absicht auf einem großen Teil der Grundfläche des Hohenzollernschlosses erbaut worden war. Damit fiel die Debatte um seine Zukunft nun umso heftiger aus, beladen mit der Last der wechselvollen Geschichte.

Als eine ihrer letzten Amtshandlungen hatte die Volkskammer der dahinscheidenden DDR noch im September 1990 die Sperre des Palastes der Republik verfügt. Der Bau war hochgradig mit Asbest verseucht. Den hatte man aus Brandschutzgründen beim Bau reichhaltig auf die Stahlträger gesprüht.

Der Hamburger Kaufmann Wilhelm von Boddien trat auf den Plan und machte sich zum Wortführer der Traditionalisten. Was vorher eher als Wunschtraum durch die Köpfe vieler Berliner gegeistert hatte, das machte er zu seinem Ziel. Er trat für den Wiederaufbau des Stadtschlosses in seiner ursprünglichen Form und Gestalt ein. Dabei verstand er es ganz brillant, auf die normative Kraft des Faktischen zu setzen. Er trommelte Spender und Sponsoren zusammen, die ihm eine der größten Simulationen aller Zeiten ermöglichten. Aus mächtigen Stahlgerüsten und mehreren Hektar bemalter Leinwand ließ er das Schloss wieder auferstehen, als Kulisse im Maßstab 1:1

am alten Ort. Damit stieß er auf viel Wohlwollen, denn dass das Schloss gut proportioniert und gut orientiert an diesem Platz gestanden hatte, das hatte ohnehin quer durch die Jahrhunderte kaum jemand bezweifelt. Wilhelm von Boddien erbrachte also im Prinzip einen Beweis, dessen es nicht bedurft hätte, aber die Überzeugungskraft seines Gerüstbauwerks war unschlagbar. Der Konsens, dass der Palast der Republik weg und das Stadtschloss der Hohenzollern wieder her müsse, war fortan nicht mehr zu erschüttern.

Nun hätte man dennoch ein wenig künstlerische Freiheit im Umgang mit dem neu zu belebenden Alten wahren können. Aber dafür waren die Beharrungskräfte schon zu groß. Die Ausschreibung, die schließlich an die Architekten erging, war eindeutig: Die Fassade des neu zu bauenden alten Schlosses musste an drei Seiten in Form, Ausstattung und Größe genau dem gesprengten Original entsprechen. Lediglich an der vierten, der Rückseite, konnte man sich noch ein wenig zeitgenössisch gebärden. Genau so sieht jetzt das Siegerprojekt auch aus: das Beschwören des restlos Verschwundenen an drei Seiten, dessen verschämtes Nachempfinden schließlich an der vierten. Dies ist kein Vorwurf an den Architekten Franco Stella, den Schöpfer des Entwurfes. Er hat im Rahmen der Vorgaben sein Möglichstes getan.

Aber ich frage mich, ob Berlin hier nicht eine viel größere Chance verschenkt hat. Sicher ist es immer am einfachsten, etwas Altbewährtes wieder zu beleben. Die Widerstände sind immer am geringsten, wenn man auf ausgetretenen Pfaden wandelt. Aber immer, wenn ich an dem Loch vorbeikomme, über dem sich einst der Palast der Republik erhoben hat, frage ich mich, ob die Berliner nicht einen Ruinenbaumeister vom Rang Chipperfield bitten hätten können, aus dem vom Asbest befreiten Gerippe des Palastes der Republik etwas Neues, Überraschendes zu zaubern. Man hätte die zweifelhafte Spur der DDR dann nicht vollkommen getilgt, wie das heute an dieser Stelle passiert. Man hätte sie vielleicht mit neuer historischer Bedeutung aufladen, in ein neues Spannungsfeld stellen können. Aber da waren nun einmal ganz andere Kräfte am Werk als jene, die es vermocht hätten, dem DDR-Erbe vielleicht noch irgendetwas abzugewinnen.

Schicht im Schacht

Wenn Sie nicht gerade mit Stahl oder mit der Autoindustrie zu tun haben, dann werden Sie wenige Gründe finden, um der Stadt Salzgitter einen Besuch abzustatten. Das nahe gelegene Hannover kann von seiner Handels- und Messetradition zehren, das noch näher gelegene Braunschweig hat geschichtlichen Ruhm, aber Salzgitter hat nur Industrie und eine kleine Innenstadt mit geduckten Geschäftsbauten. Eigentlich gibt es die Stadt erst seit dem Jahr 1942. Damals legten die »Hermann-Göring-Werke« dort eine weitere Basis für Deutschlands Kriegswirtschaft. Heute ist in Salzgitter ein großer Stahlkonzern zu Hause und VW baut dort Motoren.

Zu Zeiten der deutschen Teilung war der Name Salzgitter zusätzlich aufgeladen. Denn dort hatte eine ganz spezielle Behörde ihren Sitz: die »Zentrale Erfassungsstelle der Landesjustizverwaltungen«. Dort, nur knapp von den Grenzbefestigungen der DDR entfernt, wurden Berichte über Menschenrechtsverletzungen in Ostdeutschland gesammelt, vor allem auch Angaben über Todesschüsse an der innerdeutschen Grenze samt Hinweisen auf die Täter, derer man irgendwann habhaft zu werden gedachte. Das ist alles vorbei. Wenn jetzt noch Hinweise auf Gräueltaten aus der Vergangenheit auftauchen, dann kümmert sich der lokale Staatsanwalt darum.

Aber eine Behörde ist neu dazugekommen, mit einem ominösen Titel, der Anklänge an den Kalten Krieg nahe legen könnte. Das »Bundesamt für Strahlenschutz« hat in Salzgitter seinen Sitz. Es hat zum Glück nichts mehr gemein mit den Zivilschutz- und Warneinrichtungen aus Zeiten der nuklearen Ost-West-Konfrontation. Aber seine Aufgabe ist knifflig genug. In der Nähe von Salzgitter liegen nämlich die Orte, an denen die strahlende Hinterlassenschaft des Atomzeitalters zu einer möglichst ewigen Ruhe finden soll. Die wichtigsten Atommülldeponien des Landes liegen allesamt im Bundesland Niedersachsen. Gerne beklagt man sich hier über derlei Ungerechtigkeit, aber so sieht es nun einmal aus.

Die Strahlenschützer haben uns nach Salzgitter gebeten, um uns ihr modernstes Bauwerk vorzuführen. Gebaut wird ausschließlich unter der Erde, denn die Lagerstätte »Schacht Konrad« ist ein ehemaliges Eisenbergwerk, tief unten im Gestein.

Aus den Zeiten, in denen nach Eisen geschürft wurde, hat man die Bergmannstraditionen behalten. Man grüßt mit »Glück auf« und ist im Übrigen eher schweigsam unterwegs. Bergleute reden nicht viel. Meistens machen ihre Maschinen ohnehin so viel Lärm, dass man nichts verstehen könnte.

Mit Heiko, dem Kameramann, und Maurice, dem Tonmeister, stehe ich im alten Grubengebäude, schaue hinauf zum Förderturm, auf dem sich riesige stählerne Räder immer wieder ächzend in Bewegung setzen. Dieser Konstruktion werden wir jetzt auch unser Leben anvertrauen, denn die Räder bilden den Antrieb für den Förderkorb, einen zweistöckigen Käfig, mit dem wir uns bald einen ganzen Kilometer senkrecht in Richtung Erdmittelpunkt bewegen werden.

Vorher werden wir noch bergmännisch ausstaffiert. Mit großem Ernst und mit wenigen Worten bekommen wir unsere Ausrüstung verpasst: knallroter Overall, schwere Stiefel, den Helm mit der Grubenlampe und den großen Akku dafür zum Umhängen dazu. Und dann wird uns noch ein Zylinder aus Blech umgehängt, einer riesigen Keksdose ähnelnd. Darin sitzt die Überlebensausrüstung, ein Notgerät, das genügend Sauerstoff für die Atmung bereitstellen soll, wenn im Schacht die Luft wegbleibt. »Hat noch nie einer gebraucht«, sagt der Werkmeister knapp, als er unsere verschüchterten Blicke bemerkt.

Die Bergmannsstiefel zwingen uns zu schweren Schritten, mit denen wir jetzt zum Förderkorb trotten. Es kommt kein hundertprozentiges Wohlgefühl auf, wenn sich die Gittertür hinter einem schließt. Denn unter uns befindet sich tatsächlich ein 1000 Meter tiefes Loch und gehalten werden wir nur vom Stahlseil und von der angejahrten Bergwerksmaschinerie. Aber die Fahrt nach unten geht ziemlich glatt vor sich und auch die ersten Eindrücke in der Tiefe sind nicht besonders beklemmend. Es geht eigentlich recht geräumig zu im Schacht Konrad, etwa so wie in einem der vielen Straßentunnel in den Alpen. Auch die Beleuchtung ist ausreichend und so wird aus dem Gefühl der Beklemmung fast so etwas wie Geborgenheit, tief drunten im Inneren der Erde. Erste Station ist die kleine Nische in der Wand mit der Statue der heiligen Barbara. An ihrem Feiertag, dem 4. Dezember, lassen alle Bergleute und Tunnelbauer Europas die Arbeit ruhen. Und bergmännisch bleiben die Bräuche auch dann, wenn man nicht mit dem Abbau von Eisen, sondern mit dem Einbauen von Atommüll in tiefe Kammern seinen Lebensunterhalt fristet.

Mit der Besinnlichkeit ist es aber gleich vorbei, denn es heißt aufsitzen – auf ausgewachsene Mercedes-Geländeautos, die hier durch die Schächte kurven. Tempo 40 ist locker drin, Gegenverkehr ist selten. Man kann 40 Kilometer lang durch dieses Labyrinth brausen, so lange ist hier das Wegenetz. Und am Ende ist man, nach dem Passieren von unterirdischen Serpentinen, noch 300 Meter tiefer unter der Erde, als man ohnehin schon war.

Wolfram König, der Chef des Bundesamtes für Strahlenschutz, ist mit uns unterwegs. Er ist groß und schlank, trägt den weißen Overall der Offiziellen und hat in seinem Amt einen Balanceakt der besonderen Art auszuführen. Er ist nämlich seinerzeit von den Grünen dafür nominiert worden, damals,

als sie mit Jürgen Trittin den Umweltminister stellten. Jetzt muss er sich tagein, tagaus mit der Atomkraft und deren Bewältigung befassen. Aber er lässt seine Position recht deutlich durchschimmern, die lautet: Bis hierher und nicht weiter. Er bekräftigt immer wieder, wie wichtig es ist, dass Deutschland grundsätzlich den Ausstieg aus der Atomtechnik beschlossen hat. Nur auf diese Weise, so argumentiert er, lässt sich überhaupt berechnen, wie viel Atommüll er einmal in diesem Schacht einbunkern muss. Nur mit Hinweis auf den Ausstieg könne man auch der skeptischen Bevölkerung erklären, dass der Schacht nicht auf ewige Zeiten den Strahlenmüll schlucken wird müssen, sondern nur so lange, bis das letzte Kernkraftwerk in Deutschland geschlossen und abgewrackt ist.

Eigentlich sollte dieser Punkt um das Jahr 2020 erreicht sein. Das sieht der komplizierte und nach jahrelangen Verhandlungen im Jahr 2002 festgeschriebene Kompromiss vor. Unter Rot-Grün galt das als großer Wurf, aber jetzt wird kräftig gerüttelt am Beschluss von damals. Es laufen noch 17 Atomkraftwerke in Deutschland, und wenn sei einmal laufen, dann kostet es nicht viel, sie weiterlaufen zu lassen. Die Errichtungskosten sind abgeschrieben und bei den Entsorgungskosten zahlt der Steuerzahler kräftig mit. Es gibt Schätzungen, dass ein altes Atomkraftwerk, das auf diese Weise weiterläuft, eine Million Euro Reingewinn pro Tag einbringen kann. Kein Wunder, dass die Betreiberfirmen jetzt alles daran setzen, den Ausstieg vom Ausstieg zu erwirken. Es kommt ihnen sehr entgegen, dass sich auch anderswo die Waagschale wieder zugunsten der Atomkraft zu neigen beginnt. Der jüngste Beschluss Schwedens, wieder auf Kernkraftwerke zu setzen, wurde von der Atomlobby kräftig begrüßt und die CDU stimmte in den Chor jener ein, die das Längerlaufenlassen von Atomkraftwerken begrüßen würden.

Wolfram König hört die Botschaft mit Missfallen. Denn er müsste im Fall des Falles den Leuten rund um den Schacht Konrad erklären, dass der Atommüll noch viel länger dorthin unterwegs sein wird, als er ihnen einmal im Brustton der Überzeugung verkündet hat.

Rennpappe

Heiko Schulze, seit 30 Jahren unverwüstlicher ORF-Kameramann in Deutschland, hält sich viel auf seinen fahrbaren Untersatz zugute. Es ist ein sehr geräumiger, dunkler Mercedes, den Heiko noch mit allerhand Extras ausgerüstet hat. Sollte ich unerkannt durch die Lande reisen wollen – kein Problem, Heiko hat im Fond schwere Vorhänge eingebaut, hinter denen ich mich wie ein Mafiaboss auf Reisen fühlen kann. Sollte mich die Lust überkommen, während der Fahrt Faxnachrichten zu verschicken – auch dafür hat Heiko das passende Gerät an Bord. Aber es gab einen Anlass, zu dem wir Heikos Riesenschlitten gegen eine viel kleinere rollende Behausung eingetauscht haben, noch dazu mit voller Kameraausrüstung. Aber alles schön der Reihe nach.

Wir haben uns nämlich auf die Spuren einer immer noch recht lebendigen Legende begeben, als kleiner Beitrag zu den Feiern zu deren fünfzigstem Geburtstag. Dass es da besonders viel zu feiern geben würde, war jahrzehntelang kaum denkbar. Aber jetzt fällt auch diese zweifelhafte Errungenschaft des Sozialismus von einst ein wenig der Erinnerungsverklärung anheim.

Wir sind unterwegs zum Geburtstagskind, dem Trabi. Er war der Volkswagen des anderen Deutschlands und er teilte mit der DDR das Schicksal, vor allem in späteren Jahren nicht mehr sehr ernst genommen worden zu sein. Dabei durfte er in seinen Anfängen durchaus noch als ein recht stolzes Stück Auto erscheinen. Als die ersten Trabis im Jahr 1957 in Zwickau aus den Werkshallen rollten, konnten sie sich im Vergleich zu so manchem Kleinwagen im Westen noch durchaus sehen lassen. Auch der Käfer von VW und der 2 CV von Citroën waren damals noch recht spartanisch ausgestattet und schwach motorisiert. Da fiel der erste Trabi mit seinen 16 PS dagegen nicht besonders ab. Aber die Mangelwirtschaft der DDR und die weitgehend geschlossenen Wirtschaftskreisläufe mit den östlichen Bruderstaaten erlegten den Trabi-Konstrukteuren große Hypotheken auf. Statt Blech musste ein Gemisch aus Phenolharz und russischer Baumwolle die Karosserie formen, der Spitzname »Rennpappe« war damit vorprogrammiert. Und beim Antrieb liebten es die DDR-Wirtschaftslenker möglichst einfach, robust und rau: Der Trabi bekam einen Zweitaktmotor und behielt ihn auch jahrzehntelang bei. Der Trabi wird mit einem Gemisch aus Benzin und Öl betrieben und so riecht er auch. Die blaue Trabi-Fahne aus dem Auspuff war das Duftsignet der DDR. Im Winter gesellte sich dann auch noch der schwere Qualm der Braunkohlebriketts dazu, dem üblichen Heizmaterial in den Städten.

Heute können Nostalgiker und Touristen immer noch fröhlich knatternd in Trabis durch Berlin ziehen. Ein Unternehmen bietet Trabi-Safaris an, bei denen man sich selbst ans Steuer setzen kann und dann in bunten Trabi-Kolonnen durch die Stadt braust.

Wir sind zu dem Mann unterwegs, der dafür sorgt, dass die Safari-Trabis in Form bleiben. In einer Abstellhalle im Bezirk Mitte, ganz nahe der Mauer von einst, hat Thomas Scheffler sein Reich.

Trabis, so weit das Auge in der geräumigen Halle nur blicken kann. Thomas Scheffler hat sie alle. Vom knallroten Stretch-Trabi mit doppelter Hinterachse, in dem ganze Hochzeitsgesellschaften Platz finden, bis zum Tarnfarben-Trabi mit der Anmutung eines Schützenpanzers. Er diente einmal der vormilitärischen Ausbildung und musste jungen DDR-Bürgern eine Karriere in der Nationalen Volksarmee schmackhaft machen.

Thomas Scheffel ist kräftig gebaut. Schwarze Haare, schwarzer Vollbart, schwarze Hände. Er ist Mechaniker mit Leib und Seele. Früher war er ein Rädchen im DDR-System. Da hielt er die Autos des DDR-Gewerkschaftsbundes FDGB in Schuss. Aber das System von einst zu verteidigen, dafür ist er eher nicht zu haben. Gerne schildert er, warum der Trabi in der DDR zum liebsten Betätigungsfeld für Hobby-Schrauber wurde. Nicht aus Sparsamkeit und nicht aus Bastelfreude machte man sich gerne selbst am Trabi zu schaffen. In erster Linie war es die Unmöglichkeit, im staatlich reglementierten DDR-Gefüge Einlass in Reparaturwerkstätten zu bekommen. »Wenn Sie beim Trabi in der Werkstatt etwas reparieren lassen wollten, gab es zwei Möglichkeiten«, erzählt Thomas Scheffel mit vergnügtem Grinsen. »Entweder monatelanges Warten – oder einen Hundertmarkschein auf dem Beifahrersitz liegen lassen.« Wohlgemerkt – das musste schon ein Schein über hundert D-Mark vom Klassenfeind im Westen sein. Den hatten die wenigsten so locker zur Verfügung. Daher kannten sich die meisten Trabi-Fahrer mit ihren Kisten gut aus, konnten so ziemlich alles selbst reparieren. Der einfache Aufbau machte vieles leichter. »Mit einem kleinen Werkzeugtäschchen tausche ich Ihnen locker unterwegs einen ganzen Trabi-Motor aus«, sagt Thomas Scheffel.

Und dann bittet er uns zum Fahrerlebnis. Heiko zwängt sich mitsamt der Kamera auf den sehr engen Rücksitz, neben ihm findet auch noch Maurice, der Tonmann, Platz, der sich schon ziemlich stark zusammenfalten muss. Denn Heiko hat die große Kamera auf der Schulter und Maurice muss seine Tonausrüstung auf dem Schoß ins Wageninnere zwängen. Ich klemme mich auf dem Beifahrersitz fest und Thomas Scheffel wirft sich ins Cockpit. Eine Drehung am Zündschlüssel und der Motor knattert los. Zufrieden wirft der Trabi-Experte den ersten Gang ein, mit der »Krückstockschaltung« nach Art der Urväter. Die ersten Meter rumpeln wir noch etwas unbeholfen übers Großstadtpflaster, aber dann geht's los. »So, jetzt wollen wir die 26 PS einmal voll auskosten!«, ruft Thomas Scheffel. Er klingt jetzt wie ein Hochseekapitän, der einen Sturm wegbrüllen muss, denn laut ist der Trabi – außen wie innen. Hurtig geht es um den Block, die Tachonadel zittert sich zur Fünfziger-Marke empor, der Lärmpegel schwillt noch weiter an, die Blattfedern lassen keinerlei Unklarheiten über den Straßenzustand aufkommen. Hören wir normale Trabi-Fahrgeräusche oder klappern da schon massenhaft die losen Teile? Thomas Scheffel grinst wieder ganz durchtrieben, verfällt ins tiefste Berlinerisch und brüllt: »Det Klabbern is beim Trabi ganz besonders wichtich, denn man sagt, wenn's einmal nich klabbert beim Trabi, dann muss man nachsehen, woran's gelegen hat!«

Beatles-Platz
nach der weltbekannten Popgruppe
aus Liverpool, deren Karriere 1962
im Hamburger Star Club begann

BONUS TRACK

Fab Four

Na, woran denken Sie, wenn Sie das Wort »Reeperbahn« hören? Ja, natürlich. An Musicals. Oder an Altstadt-Flair. Oder an die christliche Seefahrt. Ja, ja, lügen Sie nur weiter – man schätzt es in Hamburg durchaus, dass die Gäste beim bewussten Wort zwar immer nur an eines denken, sich das aber nicht unbedingt auch auszusprechen getrauen.

Auf der Reeperbahn haben einst die Reeper, die Seildreher, ihre Schiffstaue fabriziert. Vom Hafen her war es nicht weit und so ergab sich die Seefahrer-Romantik ganz zwanglos im Lauf der langen Geschichte des Hamburger Hafens.

Mit dieser Romantik ist es heute nicht mehr gar so weit her, denn die modernen Containerschiffe machen nicht mehr in St. Pauli fest, sondern weiter weg im Hafendickicht. Sie können in Windeseile be- und entladen werden, sodass die Besatzung oft kaum noch zum Landgang kommt. Aber es gibt ja nicht nur die Seeleute als Publikum, sondern auch die Touristen. Um denen etwas zu bieten, muss Hamburg einen schwierigen Spagat vollführen: Eigentlich würde die Stadt ja ganz gerne mit dem »neuen« St. Pauli werben, mit dem bunteren, freundlicheren Viertel an der Reeperbahn, das nicht mehr ausschließlich mit Suff und Unmoral seinen Lebensunterhalt bestreitet. Andererseits gibt es aber jede Menge Hamburg-Besucher, die genau deswegen in die Stadt gekommen sind, und die sollen ja auch nicht enttäuscht und unbefriedigt von dannen ziehen. Und so gibt es hier das Kombinationsprogramm: Für den Familienausflug sind die Theater, Musicalbühnen und Restaurants von St. Pauli da, für die ausgefalleneren Bedürfnisse ist aber ein paar Hausecken weiter immer noch zur Genüge gesorgt.

Zum Glück gibt es einen Punkt, an dem sich beide – das verruchte Hamburg und das flotte, beschwingte Hamburg –

ganz gut auf einen Nenner bringen lassen. Hamburg war der Ort, an dem die Beatles von einer obskuren Schülerband aus Liverpool zur Profi-Musikgruppe mit Weltruhm heranwuchsen. Das taten sie, indem sie in den Clubs an der Reeperbahn nächtelang aufspielten, immer wieder auch in solchen mit moralisch zweifelhaftem Ruf.

Es hat ziemlich lange gedauert, bis sich Hamburg seiner ruhmreichen Beatles-Vergangenheit besonnen hat. Erst seit Herbst 2008 gibt es einen »Beatles-Platz« in St. Pauli, mit einer runden schwarzen Bodenplatte nach Art einer Vinyl-Schallplatte und mit lebensgroßen Metall-Silhouetten der Bandmitglieder. Zuvor hatten nur kleine, private Gedenktafeln und Schaukästen mit vergilbten Fotos von den Spuren der Boys aus Liverpool gekündet.

Noch heute kennt die ganze Welt John, Paul, George und Ringo, auch wenn nur zwei von ihnen noch leben. Aber wissen Sie, wer Pete Best und Stu Sutcliffe waren? Sie haben beide zu den Beatles gehört, damals, in den Anfängen der Hamburger Zeit. Pete Best war der Schlagzeuger. Gegen Ende ihres Hamburger Gastspiels warfen ihn die anderen Beatles ohne Angabe von Gründen aus der Band und ersetzten ihn durch Ringo Starr. Stu Sutcliffe hingegen hatte die Band zuvor schon freiwillig verlassen, aber über ihn und über eine junge Frau aus Hamburg kamen die Beatles zu ihrem wichtigsten Markenzeichen.

Die junge Frau aus Hamburg ist jetzt auch schon etwas älter. Sie heißt Astrid Kirchherr. Mit ihrer dunklen, zurückhaltenden Kostümierung und ihrer leisen, aber wohl akzentuierten Stimme könnte man sie für eine pensionierte Gymnasiallehrerin halten. Aber damals, zur Hamburger Beatles-Zeit Anfang der Sechzigerjahre, hatte sie sich ganz der Kunstwelt verschrieben. Sie hatte Modedesign studiert und dann als Fotografin begonnen. Der Zufall verschlug sie in die Lokale, in denen die Beatles gastierten, blutjunge Burschen, die einen von ihnen, George Harrison, nachts bei Polizeirazzien verstecken mussten, weil er erst 17 Jahre alt war. »Es gehörte sich damals für ein Mädchen aus gutem Hause ganz und gar nicht, in Musiklokale an der Reeperbahn zu gehen«, erinnert sich Astrid Kirchherr. Aber gegen Konventionen begehrte sie damals recht gerne auf, auch gegen jene, die die Haarpracht von Männern limitierten. Astrid Kirchherr wurde zur Freundin des Ur-Beatles Stu Sutcliffe. »Stu war ein wunderschöner Junge«, setzt Frau Kirchherr fort. »Aber er hatte furchtbar abstehende Ohren.« Da fügte es sich gut, dass Jean Marais, eines der Filmidole der vom französischen Existentialismus geprägten Jungfotografin Astrid Kirchherr, die Haare lang trug. Sie war es, die Stu Sutcliffes Haare in die später weltberühmte Pilzform und seine abstehenden Ohren damit zum Verschwinden brachte. Die anderen Beatles waren skeptisch, ließen sich aber dann auch die Pilzköpfe schneiden und Astrid Kirchherr sah sich unversehens als Auslöserin einer modischen Revolution.

Leider nahm ihr gemeinsamer Lebensweg mit Stu sehr bald ein tragisches Ende. Sutcliffe, der nach seiner Zeit bei den Beatles künstlerisch als Maler weiterarbeitete, erlitt eine tödliche Gehirnblutung und starb mit 21 Jahren in Hamburg. Beim Denkmal auf dem Beatles-Platz steht auch seine Silhouette, als fünfte Figur, etwas abseits von den »Fab Four«.

Verständlich, dass Astrid Kirchherr vor allem hervorstreicht, die Beatles seien nette, artige junge Leute gewesen. Wer ein bisschen mehr hören will, auch die pikanten Tratsch- und Klatschgeschichten, für den ist aber in Hamburg auch noch jemand zur Stelle. Stefanie Hempel, Musikerin, Songschreiberin und Komponistin, zieht mit ihren Beatles-Führungen von Frühling bis Herbst quer durch St. Pauli. Stets folgt ihr eine andächtige Gemeinde von Beatles-Fans, stets hat sie ihre Ukulele mit dabei, denn zu deren Klängen schmettert sie an den Originalschauplätzen alte Beatles-Songs über die Straßen. Und auch die große Umhängetasche ist wichtig, aus der zieht sie Fotos von einst, aus der gar nicht guten alten Zeit, als Leute auch deshalb nach St. Pauli gingen, weil man dort dubiosen Schauspielen wie dem »Damen-Schlamm-Catchen« folgen konnte.

Stefanie Hempel kennt alle Geschichten: Wie die Beatles dort zunächst hausen mussten, im »Bambi Kino«, in einer fensterlosen Kammer hinter der Leinwand. Wie George Harrison im beengten Quartier, notgedrungen im Beisein der anderen, seine Unschuld verlor, wie er später, seiner Minderjährigkeit wegen, abgeschoben wurde, heim nach Liverpool. Auch über die Aufputschmittel, mit denen sich die Beatles bei ihren nächtelangen Auftritten wach hielten, weiß Stefanie Hempel Bescheid. Sie mussten in den Hamburger Clubs sieben bis acht Stunden durchspielen, das galt als normale Schicht. Vor Kurzem hat der kanadische Autor Malcolm Gladwell darauf hingewiesen, dass wirkliche Könner ihres Faches, egal ob Programmierer oder Musiker, erst dann ihre volle Genialität entfalten, wenn sie rund 10.000 Übungsstunden in den Knochen haben. Er nannte die Beatles und ihre langen Hamburger Nächte als gutes Beispiel dafür.

Stefanie Hempel hat ihren Tross an Beatles-Fans unterdessen ins »Indra« geführt, den einzigen Club, der auch heute noch so aussieht wie damals vor bald 50 Jahren. Sie wirft sich ans Klavier und schmettert einen Beatles-Hit nach dem anderen – die meisten davon können die Fans auswendig mitsingen.

Ihre Beatles-Leidenschaft hat früh begonnen, aber weiter angestachelt wurde sie noch durch ihre ganz spezielle Lage. Stefanie Hempel ist nämlich in der DDR aufgewachsen, in

Mecklenburg, nicht weit von Hamburg, das dennoch in ihrer Jugend in völlig unerreichbarer Weite schien. In der DDR war es nicht so einfach, an Beatles-Musik zu kommen, aber das, so berichtet sie, hätte die Leidenschaft, die Sucht danach nur umso größer werden lassen. Und dann kam sie nach jahrelangen Bemühungen in den Westen, als junges Mädchen mit ihrer Familie.

Genau zwei Tage vor dem Fall der Berliner Mauer.

Danksagung

Mein Dank gilt vor allem meinem Arbeitgeber ORF, der mich des Korrespondentenpostens in Bonn und Berlin für würdig befunden hat. Die exzellente Teamarbeit des ORF-Büros Berlin hat viel dazu beigetragen, dass ich dies alles zu Papier bringen konnte. Ich danke daher den Angehörigen dieses Teams ganz herzlich: Korrespondentin Birgit Schwarz, Korrespondent Volker Obermayr, Producerin Bernadette Neckermann, Sekretärin Margarete Scharmacher, den Cutterinnen Inge Albrecht und Sophia Kambaki, Kameramann Heiko Schulze und Tontechniker Maurice Couvreux.

Ein besonderer Dank gebührt dem VAP, dem Verein der ausländischen Presse in Deutschland. Eine ganze Reihe wichtiger Begegnungen (z. B. mit Günter Schabowski oder dem Merkel-Biografen Gerd Langguth) und Erlebnisse (etwa die Befahrung des Schachtes Konrad) hat im Rahmen von Veranstaltungen dieses Vereins stattgefunden, für deren Zustandekommen sich die Vorstände Pascal Thibaut, Derek Scally und Rozalia Romaniec sowie VAP-Sekretärin Regine Standke in vorbildlicher Weise engagiert haben.

Für die verlegerische Betreuung bin ich Herrn Alfred Schierer vom Verlag Ueberreuter und Lektorin Karin Ballauff zu Dank verpflichtet. Für die aufmerksame Durchsicht des Manuskripts danke ich meinem Kollegen und Freund Hartmut Fiedler.

Meine Frau Bea Sommersguter, meine Tochter Klara und mein Sohn Simon haben dieses Vorhaben mit großer Geduld, wachem Interesse und kritischem Blick begleitet. Ihnen ist dieses Buch gewidmet – zum Dank für die besten Jahre meines Lebens.

Berlin, im Sommer 2009
Peter Fritz

Bibliografie

Manuela Arand, Thomas Knuth: Berlin 1989–2009. Eine Bilanz in 12 Gesprächen. Berlin Story Verlag, Berlin 2009

Friedrich Bauer: Botschafter in zwei deutschen Staaten. Die DDR zwischen Auflösung und Anerkennung (1973–1990). Die aktive österreichische Neutralitätspolitik. Eigenverlag Friedrich Bauer, Wien/Salzburg 2006

Deutsche Einheit. Sonderedition aus den Akten des Bundeskanzleramtes 1989/90. Dokumente zur Deutschlandpolitik. Bearbeitet von Hanns Jürgen Küsters und Daniel Hofmann. R. Oldenbourg Verlag, München 1998

Peter Ensikat: Populäre DDR-Irrtümer. Ein Lexikon von A–Z. Edition q im be-bra-Verlag, Berlin/Brandenburg 2008

Rainer Eppelmann, Markus Meckel, Robert Grünbaum (Hg.): Das ganze Deutschland. Reportagen zur Einheit. Aufbau Taschenbuch Verlag, Berlin 2005

Joschka Fischer: Die rot-grünen Jahre. Deutsche Außenpolitik – vom Kosovo bis zum 11. September. Kiepenheuer & Witsch, Köln 2007

Flagge zeigen? Die Deutschen und ihre Nationalsymbole. Begleitbuch zur Ausstellung im Haus der Geschichte der Bundesrepublik Deutschland, Bonn, 5. Dezember 2008 bis 13. April 2009, im Zeitgeschichtlichen Forum Leipzig der Stiftung Haus der Geschichte der Bundesrepublik Deutschland, 29. Mai bis 4. Oktober 2009. Kerber Verlag, Bielefeld/Leipzig 2008

Michael Jürgs: Wie geht's Deutschland? Populisten. Profiteure. Patrioten. Eine Bilanz der Einheit. C. Bertelsmann Verlag, München 2008

Robert A. Kann, Helmut Prinz: Deutschland und Österreich. Ein bilaterales Geschichtsbuch. Jugend und Volk, Wien 1980

Astrid Kirchherr, Max Scheler: Die Beatles. Wie alles begann. Collection Rolf Heyne, München 2008

Guido Knopp, Ekkehard Kuhn: Die deutsche Einheit. Vom Traum zur Wirklichkeit. Straube, Erlangen/Bonn/Wien 1990

Helmut Kohl: Erinnerungen 1990–1994. Droemer-Knaur, München 2007

Dirk Kurbjuweit: Angela Merkel: Die Kanzlerin für alle? Hanser Verlag, München 2009

Gerd Langguth: Angela Merkel. Aufstieg zur Macht. Deutscher Taschenbuch Verlag, München 2007

Gerd Langguth: Kohl, Schröder, Merkel: Machtmenschen. Deutscher Taschenbuch Verlag, München 2009

Dieter Lattmann: Erste Begegnung mit Bonn. In: dtv Merian Reiseführer Köln–Bonn. Deutscher Taschenbuch Verlag, München 1986

Matthias Machnig und Joachim Raschke (Hg.): Wohin steuert Deutschland? Bundestagswahl 2009 – ein Blick hinter die Kulissen. Hoffmann und Campe, Hamburg 2009
Herfried Münkler: Die Deutschen und ihre Mythen. Rowohlt, Berlin 2009
Marie-Luise Recker: Geschichte der Bundesrepublik Deutschland. C. H. Beck, München 2009
Claudia Rusch: Aufbau Ost. Unterwegs zwischen Zinnowitz und Zwickau. S. Fischer, Frankfurt 2009
Günter Schabowski im Gespräch mit Frank Sieren: Wir haben fast alles falsch gemacht. Die letzten Tage der DDR. Econ, Berlin 2009
Wolfgang Schäuble: Mitten im Leben. Bertelsmann, München 2008
Helmut Schmidt: Außer Dienst. Eine Bilanz. Siedler, München 2009
Richard Schröder: Die wichtigsten Irrtümer über die deutsche Einheit. Herder, Freiburg i.B. 2007
Harald Schumann, Christiane Grefe: Der globale Countdown. Gerechtigkeit oder Selbstzerstörung – die Zukunft der Globalisierung. Kiepenheuer & Witsch, Köln 2008
Hans-Werner Sinn: Kasino-Kapitalismus: Wie es zur Finanzkrise kam, und was jetzt zu tun ist. Econ, Berlin 2009
Friedrich Thießen (Hg.): Die Wessis. Westdeutsche Führungskräfte beim Aufbau Ost. Böhlau Verlag, Köln/Weimar/Wien 2009
Ulrich Volz (Hg.): Kleine Geschichten aus dem Kanzleramt. Engelhorn Bücherei, Engelhorn Verlag, Stuttgart 1990
Edgar Wolfrum: Die Mauer. Geschichte einer Teilung. C. H. Beck, München 2009

Bildnachweis

S. 8 / S. 65	Röhrbein / ullstein bild / picturedesk.com
S.49 / S. 68	Grahammer / a1pix / picturedesk.com
S. 66 oben	Süddeutsche Zeitung Photo / picturedesk.com
S. 66 unten	Sören Stache / EPA / picturedesk.com
S. 67 oben	JOKER / ullstein bild / picturedesk.com
S. 67 unten	Eric_Bach / a1pix / picturedesk.com
S. 69 oben / S. 89	Rainer Klotz / Action Press / picturedesk.com
S. 69 unten	Bernd Kammerer / Action Press / picturedesk.com
S. 70	Jens Büttner / EPA / picturedesk.com
S. 71 oben	INTERFOTO / picturedesk.com
S. 71 unten / S. 77	Karwasz / ullstein bild / picturedesk.com
S. 72	Massimo Percossi / DPA / picturedesk.com
S. 107 / S. 160	Tim Brakemeier / EPA / picturedesk.com
S. 153	Süddeutsche Zeitung Photo / picturedesk.com
S. 154 oben	Peer Grimm / dpa / picturedesk.com
S. 154 unten	BPA / ullstein bild / picturedesk.com
S. 155	Süddeutsche Zeitung Photo / picturedesk.com
S. 156 oben	F1 Online / picturedesk.com
S. 156 unten	Messerschmidt / ullstein bild / picturedesk.com
S. 157 oben	Bernd Heinz / vario images / picturedesk.com
S. 157 unten	photothek / ullstein bild / picturedesk.com
S. 158 / S. 163	McPHOTO / vario images / picturedesk.com
S. 159	A3116 Tim Brakemeier / dpa / picturedesk.com
S. 199	United Archives / picturedesk.com